산스크리트 입문 I

금강대학교 불교문화연구소
금강 고전어 총서 ❶

산스크리트 입문 I

토마스 이진스(Thomas Egenes) 저
김성철 역

संस्कृतम्

씨아이알

Introduction to Sanskrit Part I
Published by arrangement with
Motilal Banarsidass Publishers Private Limited
A-44, Naraina Industrial Area, Phase - I, New Delhi - 110028
Website : www.mlbd.com, Email : mlbd@mlbd.com

이 책은 2007년 한국정부(교육과학기술부)의 재원에 의하여
한국연구재단의 지원을 받아서 간행된 출판물입니다.
(NRF-2007-361-AM0046)

목 차
제 I 권

서 문		vii
제 1 과		**1**
문자	로마자로 표기한 모음	2
	데바나가리로 표기한 첫 여섯 모음	4
문법	정동사 만드는 법	5
	동사 단수 어미	5
어휘	동사 √gam과 √prach	6
	접속사 '그리고(ca)'	6
	단문 쓰는 법	6
제 2 과		**9**
문자	첫 스물 다섯 자음과 조직	10
	나머지 일곱 모음의 데바나가리	13
문법	양수 동사	14
어휘	몇 개의 동사	15
	장소를 묻는 의문사	15
제 3 과		**19**
문자	나머지 문자의 로마자	20
	첫 열 개 자음의 데바나가리	23
문법	복수 동사	24
	동사에 관한 문법 술어	24
	악센트	26
어휘	몇 개의 동사	28
제 4 과		**33**
문자	ṭa행과 ta행의 데바나가리	34
문법	주격	35
	목적격	36
어휘	단모음 a로 끝나는 명사	37

제 5 과		**45**
문자	나머지 자음의 데바나가리	46
문법	구격과 여격	49
어휘	단모음 a로 끝나는 명사	51
제 6 과		**59**
문자	자음에 a 이외의 모음을 붙이는 법	60
문법	탈격과 속격	62
	iti의 용법	63
어휘	단모음 a로 끝나는 명사	64
제 7 과		**73**
문자	결합자음	74
문법	처격과 호격	77
어휘	단모음 a로 끝나는 명사	80
제 8 과		**89**
문자	모음 연성법	90
문법	단모음 a로 끝나는 중성명사의 곡용	94
어휘	단모음 a로 끝나는 중성명사	95
제 9 과		**109**
문자	어말 ḥ의 연성법	110
문법	아트마네파다(ātmanepada)와 소유(have) 동사	114
어휘	아트마네파다 동사	115
제 10 과		**127**
문자	나머지 연성법들	128
문법	대명사와 형용사	130
	√as동사	132
어휘	형용사와 불변화사	134

제 11 과 **143**

문자	내연성법칙	144
문법	장모음 ā로 끝나는 여성명사	146
	3인칭 대명사	148
어휘	여성명사	152

제 12 과 **159**

문자	숫자, 기수사와 서수사	160
문법	단모음 i로 끝나는 명사의 곡용과 절대분사	163
어휘	단모음 i로 끝나는 명사	166

제 13 과 **169**

문자	모음 연성법	170
문법	장모음 ī로 끝나는 여성명사	173
	관계절과 상관절	173
어휘	장모음 ī로 끝나는 명사	179
	관계부사와 상관부사	179

제 14 과 **183**

문자	어말 ḥ의 연성법	184
문법	동사 접두사와 과거 파라스마이파다	189
어휘	동사	191

제 15 과 **195**

문자	어말 m의 연성법	196
문법	동사 접두사와 과거 아트마네파다	197
어휘	동사	200

제 16 과 **205**

문자	어말 n의 연성법	206
문법	an으로 끝나는 명사 곡용	208
	√as의 과거형	210
	병렬복합어	210
어휘	an으로 끝나는 명사와 형용사	214

제 17 과 217

문자	어말 t의 연성법	218
문법	ṛ로 끝나는 명사의 곡용, 미래시제	220
어휘	ṛ로 끝나는 명사	223

제 18 과 227

문자	나머지 모든 연성법칙	228
문법	u로 끝나는 명사의 곡용	231
	동격한정복합어와 격한정 복합어	232
	복합어 요약	234
어휘	u로 끝나는 명사와 형용사	237

연습문제 정답 241

표 281

남성 a	281
중성 a	282
여성 ā	283
남성 i, 여성 i	284
여성 ī	285
남성 an	286
중성 an	287
남성 ṛ, 여성 ṛ	288
남성 u, 여성 u	289
대명사	290
동사	295
접두사	300
숫자	301
연성법	302

어휘 (범-한) 311

어휘 (한-범) 319

산스크리트 인용 327

바가바드기타 347

문법용어 색인(로마자) 353

문법용어 색인(한글) 359

서 문

संस्कृतम्

서문

산스크리트를 배우는 이유

정교하고 정제된 언어인 산스크리트를 배우는 데는 몇 가지 이유가 있을 수 있다. 산스크리트의 음운, 문자, 문법 그리고 체계적인 성격은 그 자체로 매력적이고 어떤 위대한 아름다움을 갖고 있다. 산스크리트 학습은 마음에 질서를 창조한다. 산스크리트는 자연 그 자체의 질서를 반영한, 대단히 체계적인 언어이기 때문이다.

산스크리트를 배우는 학생 대부분은 또한 산스크리트 문헌에 관심이 있다. 산스크리트 문헌은 대단히 방대하여, 철학을 비롯하여 과학 미술 음악 음성학 문법 수학 건축 역사 교육 그리고 논리학의 영역에 걸쳐 있다. 이들 문헌은 원전 언어를 이해할 때 더 깊이 이해할 수 있다.

산스크리트를 조금만 배워도 산스크리트 문헌의 번역문에서 중요한 단어가 제대로 번역되었는지 아닌지 판단할 수 있다. 산스크리트 문헌의 전문 번역가는 되지 못할지라도, 산스크리트에 대한 초보적 지식만으로도 충분히 가치가 있음을 발견할 것이다. 산스크리트에 대해 조금만 지식이 있어도 산스크리트에서 번역된 문헌을 읽는 데 유용하다. 산스크리트를 배운다면 예상한 것보다 훨씬 더 멋진 결과를 가져올 수도 있다.

베다어와 고전 산스크리트

산스크리트(saṃskṛta)란 "완전한" 혹은 "만들어진"("함께"saṃs "이루어진" kṛta)이란 뜻이다. 산스크리트에는 크게 두 가지 중요한 영역이 있다. 베다 산스크리트와 고전 산스크리트가 그것이다. 베다 산스크리트, 곧 베다어가 더 오래되었는데, 베다의 본집과 브라흐마나의 언어이다. 베다 산스크리트는 리그베다의 본집에서 시작한다. 고전 산스크리트는 몇 가지 국면을 포함하고 있지만 바가바드 기타, 라마야나, 그리고 나머지 산스크리트 문헌의 언어이다.

베다어로 된 몇몇 인용문이 있기는 하지만, 이 교재는 고전 산스크리트의 초보적 학습에 초점을 두고 있다. 일반적으로 베다어는 고전 산스크리트를 학습한 후 배우게 된다.

산스크리트 교재

17세기 이전 수백 년 동안 산스크리트의 문법이나 초보적 교재를 지은 서구 학자는 거의 없다. 17세기와 18세기에 들어서야 인도에 체재한 예수교 선교사들에 의해 산스크리트에 대한 초보적 교재가 몇 편 씌여졌다. 19세기에는 다음 학자에 의한 저작이 있다 : Bartholome(1801), Foster(1804), Colebrooke(1805), Carey(1806), Wilkens(1808), Hamilton(1814), Yates(1820), Bopp(1827), Wilson(1841), Monier-Williams(1846), Ballantyne(1862), Benfey(1863), Müller(1866), Kielhorn(1870), Whitney(1879), Perry(1886). 그리고 20세기에는 다음 학자에 의한 저작이 있다. MacDonell(1911), Renou(1942), Antoine(1954), Burrow(1955), Tyberg(1964), Gonda(1966), Hart(1972), Couson(1976), Goldman(1980).

이 교재의 특징

이 교재는 아직도 남아있는 요구에 따라, 산스크리트에 대한 초보적 학습을 간단하고 간결하며 체계적으로 하여 초보자가 더 손쉽게 접근하도록 만들어졌다. 이 교재는 산스크리트 문법에 대해 완전히 조망하지 않으며 심지어는 초보 수준도 아니다. 이 교재는 "초보 이전" 수준으로 산스크리트 기초에 대한 체계적인 소개서다. 이 교재의 특징은 다음과 같다.

- 적고 배우기 쉬운 단계
- 순차적인 조직
- 각 과마다 균형잡힌 비율로 문자와 문법, 어휘 학습
- 가능한 한 불필요하고 복잡한 설명을 피함
- 연성법의 단계적 학습

이 교재를 마친 후에는 위에 언급한 산스크리트 교재를 학습하거나 혹은 이 교재 2권을 학습하는 것이 좋다. 2권에는 바가바드기타에서 고른 게송이, 강독 중에 만날 수 있는 덜 익숙한 문법에 대한 자세한 설명과 함께 실려 있다. 양 권은 함께 산스크리트의 기초적인 문법을 커버하고 있다. 대학 수업에서는 1권은 첫 학기의 기본 교재로, 2권은 두 번째 학기의 기본교재로 활용할 수 있다. 2권을 마치면 산스크리트 사전을 찾아가면서 바가바드기타를 읽어야 한다.

이 교재에서 각 과는 세 부분으로 이루어져 있다

1. 문자
2. 문법
3. 어휘

문자

어떤 언어에 대한 학습도 처음은 발음과 정서법을 포함한 문자를 익히는 데서 시작한다. 처음부터 산스크리트 발음은 긴장되지 않고 자연스러워야 한다. 식샤(Śikṣā) 텍스트 중 하나는 산스크리트 발음이 부드럽고, 명확하며 참을성 있게 이루어져야 한다고 서술하고 있다(Pāṇinīya Śikṣā, 33). 원어민의 발음을 흉내 내는 것이 도움이 될 것이다. 다른 식의 발음을 들을 때는, 발음상 다소 차이가 있는 것에 주의해야 한다(ai, au, ṃ, ḥ). 산스크리트의 발음은 지방마다 다소 차이가 있기 때문이다.

이 부분에서는 데바나가리 문자에 대한 학습도 포함한다. 데바나가리 문자는 7과까지 단계적으로 공부할 것이다. 6과까지 연습문제는 로마자로 표기된다. 7과부터 연습문제가 로마자와 데바나가리문자로 함께 표기된다. 데바나가리 문자를 모두 배우면 연습문제는 데바나가리로만 표기된다.

산스크리트를 배우는 초보자에게 난관 중의 하나가 연성법이라고 불리는 규칙을 배우는 것이다. 연성법이란 단어의 발음이 환경에 따라 변하는 것을 서술한 것이다. 과거에 학생들에게 이 연성법은 까다로운 것이었다. 연성법을 암기하지 않으면 사용할 수 없고, 사용하지 않고서는 암기하기가 어려웠기 때문이다. 이 교재에서는 숙달하기 쉽도록 연성법을 작은 단계별로 소개하여 그 난관을 극복하였다. 2과부터 연습문제는 연성법을 적용하지 않은(pada-pāṭha) 문장과 연성을 적용한(saṃhitā-pāṭha) 문장을 병기하였다. 8과부터 연성법을 도표와 함께 배우기 시작한다. 도표는 연성법의 일반적 맥락에 대한 이해를 얻기 위한 빠른 참고물로서 임시로 사용할 수 있다. 얼마간 도표를 이용한 후에는 연성법이 쉽게 기억될 것이다. 연성법 기억은 13과부터 시작한다.

문법

문법에 대한 연구는 문법학(Vyākaraṇa)에서 유래한다. 그 주요한 텍스트는 파니니(Pāṇini)의 『팔장편Aṣṭādhyāyī』 이다. 『팔장편』은 간결하고 완전한 산스크리트 문법서이며, 약 4천 게송으로 이루어져 있다. 'saṃskṛta'가 "만들어진 것"을 의미하는 반면 'Vyākaraṇa'는 "원상복귀" 혹은 "분리"라는 뜻이다. 문법학(Vyākaraṇa)은 산스크리트의 구조를 세밀히 분석하는 것이다.

많은 문법 술어가 산스크리트로 주어져 있다. 이들 술어를 외우는 것은 몇 가지 이유에서 유용하다. 그것은 이들 문법 규칙이 유래하는 전통을 더 잘 이해할 수 있게 해 준다. 또 이들 술어를 사용하는 고급 산스크리트 문법서를 비교적 편히 공부할 수 있도록 한다. 나아가 많은 분야에서 유용한 어휘를 늘려준다. 이들 술어 대부분은 문법 이외의 다른 분야에서도 발견되기 때문이다.

어휘

야스카(Yāska)의 니룩타(Nirukta, 단어의 의미를 다루는 베다의 보조학)에 따르면 모든 산스크리트 단어는 네 개의 카테고리로 나뉜다. 동사(ākhyāta), 명사류(nāman, 명사, 대명사, 형용사), 접두사(upasarga), 불변화사(nipāta)가 그것이다. 동사와 명사류는 약 2천 개에 이르는 동사어근(dhātu)으로부터 체계적으로 파생한다. 이 교재에서 제시된 어휘는 결국 바가바드기타와 라마야나를 읽기 위한 것으로 제한된다.

이 책의 활용법

연습문제를 풀기 전에 편안한 마음으로 문자와 문법, 어휘를 다시 복습해 보면 연습문제 풀이가 훨씬 즐겁고 더 쉬울 것이다. 이 책에 실린 연습문제에는 가능한 한 관용적인 산스크리트 표현을 거의 싣지 않았다. 따라서 한꺼번에 너무 많은 것을 배워야 하는 부담을 없앴다. 연습문제가 어렵게 보인다면, 복습을 더 해야 한다. 연습문제의 정답은 교재 뒤에 실려있다.

하루에 가능한 한 자주 시간을 내어 이 교재의 내용을 기억해야 한다. 기억이 잘 나지 않는 경우에는, 긴장하여 결과적으로 잊어버리도록 마음을 "프로그래밍"하기 보다는, 즉시 책을 다시 보아야 한다. 가장 좋은 암기법은 단어를 가능한 한 소리 내어 읽는 것이다. 어휘 암기는 쉽고 편하게 그리고 자주 이루어져야 한다.

감사의 말

다음에 언급하는 분들은 친절하게도 영감과 창조적인 제언을 해 주었고, 이 책을 준비하는 데 기꺼이 도움을 주었다. Bryan Aubrey, Niels Baumann, Harriet Berman, Laurie Couture, Michael Davis, Carol de Giere, Katherine Doak, Lawrence Eyre, James French, June French, Peter Freund, Elizabeth Goldfinger, Shepley Hansen, Jean Harrison, Monca Hayward, Park Hensley, Sherry Hogue, Jan Houben, Alicia Isen, Vernon Katz, Lee Keng, John Kremer, John Konhaus, Margaret Lerom, Sherry Levesque, Dawn Macheca, Richard Marsan, Devorah McKay, Meha Mehta, Christine Mośe, Patricia Oates, Dafna O'Neill, Helen Ovens, Craig Pearson, David Reigle, Beatrice Reilly, Beth Reilly, John Roberts, Robert Roney, Frederick Rosenberg, William Sands, Peter Scharf, Barney Sherman, Barbara Small, Thomas Stanley, Dale Stephens, Jan Storms, Roxie Teague, Agnes Maria Von Agris, Douglas Walker, Keith Wegmen, Geoffrey Wells, Julan White, and Elinor Wolfe. 이 교재로 공부한 수천 명의 학생 가운데 많은 학생들이 가치 있고 매우 적절한 피드백을 해 주었다. Peter Freund와 Eric Vautier는 데바나가리(devanāgarī) 문자와 로마자 폰트를 개선해 주었다. 아내 Linda는 편집과 함께 지속적인 지원과 지지를 보내주었다.

325쪽부터 시작하는 산스크리트 문장 인용(1권)과 바가바드 기타 게송 인용(2권)은 마하리쉬 마헤쉬 요기의 번역에서 인용한 것이다.

중-고급 과정을 위해 보아야 할 책들

- *Sanskrit Manual*, Roderick Buknell, Motilal Banarsidass
- *A Sanskrit-English Dictionary*, Monier Monier-Williams, Motilal Banarsidass
- *The Bhagavad Gītā, translated by Winthrop Sergeant*, State of New York University Press
- *Devavāṇīpraveśikā: Introduction to the Sanskrit Language*, Goldman and Sutherland, University of California, Berkely
- *Sanskrit, An Introduction to the Classical Language*, Michael Coulson, Teach Yourself Books, Hodder and Stoughton
- *A Sanskrit Grammar for Students*, Arthur MacDonell, Motilal Banarsidass
- *Saṃskṛtasubhodhinī: A Sanskrit Primer*, Madhav Deshpande, University of Michigan
- *Sanskrit: An Easy Introduction to an Enchanting Language*, Asho Aklujkar, University of British Columbia
- *Sanskrit Reader*, Charles Lanman, Motilal Banarsidass

- *A Higher Sanskrit Grammar*, M. R. Kale, Motilal Banarsidass
- *A Manual of Sanskrit Phonetics*, C. C. Uhlenbeck, Munshiram
- *A Dictionary of Sanskrit Grammar*, K. V. Abhyankar, Baroda Oriental Institute
- *A Critical Study of Sanskrit Phonetics*, Vidhata Mishra

헌사

이 책은 깊은 존경과 감사의 마음으로 요기 마하리쉬 마헤쉬에게 헌정되었다. 마하리쉬는 산스크리트를 자연의 언어, 순수의식인 자아 안에 있는 충동으로 묘사하였다. 마하리쉬는 어떻게 베다의 저자인 고대 히말라야의 성자들이, 그들 자신의 순수의식에 내재한 침묵의 깊이를 통찰하면서, 이 충동을 인식했는지 설명해 주었다. 이 충동은 베다 문헌으로 기록되었다. 그것은 인생의 모든 영역에서 진화의 메카니즘을 형상화한 아름다운 표현으로 가득찬 방대한 문헌이다.

몇 년 동안 마하리쉬는 이 문헌에서 인용한 가장 의미심장한 문장을 강조하였다. 그중에서 많은 것은 이 교재에서 "산스크리트 인용"으로 제목 붙인 부분에 실려 있다. 이들 표현에 포함된 지식은 모든 문화와 전통의 기초에서 발견할 수 있다.

인도의 베다 전통으로부터 마하리쉬는 일상생활에서 순수정신을 경험하고 진화를 촉진하기 위한 실천적인 과정 - 마하리쉬의 초월명상과 TM성취 프로그램 - 을 세상에 알렸다. 이 간단하고 자연스러운 프로그램은 전 세계 수백만 명에게 행복과 충만을 가져왔으며 각 대륙에서 5백 건이 넘는 과학적인 연구에 의해 검증되었다. 마하리쉬는 스트레스와 고통을 제거하는 방법 및 이 세상에서 완벽한 건강과 진보, 번영과 영원한 평화를 창조하도록 개개인에게 잠재된 모든 가능성을 펼치는 방법을 제공하였다.

산스크리트 입문 I

제1과~제18과

संस्कृतम्

1 과

문자 로마자로 표기한 모음

데바나가리로 표기한 첫 여섯 모음

문법 정동사 만드는 법

동사 단수 어미

어휘 동사 √gam 과 √prach

접속사 ‘그리고(ca)’

단문 쓰는 법

문자

01 산스크리트에서 각 문자는 하나의 음(varṇa)만을 나타낸다. 영문자 'a'는 여러 가지로 발음할 수 있지만 산스크리트에서는 그렇지 않다. 문자는 조음 위치에 따라 체계적으로 배열되어 있다.

모음

02 문자는 기본적으로 둘로 나누어진다.

a. 모음(svara)
b. 자음(vyañjana)

03 모음은 단모음(hrasva)과 장모음(dīrgha)으로 구분된다. 단모음은 한 박자(mātrā)고, 장모음은 두 박자다. 또 모음은 단순모음(śuddha)과 복합모음(saṃyukta)으로 분류할 수도 있다. 모든 복합모음은 장모음이다.

	단모음	장모음
단순모음	a	ā
	i	ī
	u	ū
	ṛ	ṝ
	ḷ	
	장모음	장모음
복합모음	e	ai
	o	au

04 고전 산스크리트에서는 드물지만 베다어에서는 3박자(pluta)를 가진 모음이 있다. 이것을 나타내기 위해서는 데바나가리와 로마자에서 단모음 뒤에 숫자 3을 써 준다. 예를 들면 a3이라고 쓰면 a의 3배라는 뜻이다. 또 장모음과 함께 3으로 표기된 것도 볼 수 있다. 파니니(1, 2, 27)는 그것을 수탉을 부르는 소리(u, ū, u3)에 비유하여 설명하고 있다.

05 모음의 발음법

a	america에서	‘a’처럼
ā	father에서	‘a’처럼
i	heat에서	‘ea’처럼
ī	beet에서	‘ee’처럼
u	suit에서	‘u’처럼
ū	pool에서	‘oo’처럼
ṛ	river에서	‘ri’처럼(보통은 혀를 말지 않는다)
ṝ	reed에서	‘ree’처럼
ḷ	jewelry에서	‘lry’처럼
e	gate에서	‘a’처럼
ai	aisle에서	‘ai’처럼
o	pole에서	‘o’처럼
au	loud에서	‘ou’처럼 발음한다.

06 데바나가리를 로마자로 옮길 때 로마자의 아래위에 붙이는 줄이나 점들을 구별부호(diacritics)라고 부른다. 구별부호는 산스크리트 문자가 영문자보다 많기 때문에 사용되는 것이다. 구별부호는 로마자에 붙어서 기존의 음과는 다른 새로운 음을 나타낸다.

07 모음은 단독으로, 자음 및 자음군은 모음과 함께 음절(akṣara)을 이룬다.

08 산스크리트는 데바나가리 문자로 쓰여 있다. 데바나가리(deva-nāgarī)는 ‘신(deva)의 도시(nāgarī)’라는 뜻이다. 데바나가리에는 대문자가 없다.

09 데바나가리 문자를 익히는 이상적인 방법은 매일 하나 정도의 문자를 20번 이상 써 보고 플래시 카드(데바나가리를 앞에 쓰고 로마자를 뒤에 써서)를 작성해서 외우는 것이다. 이 책을 공부하는 동안 계속 규칙적으로 플래쉬 카드를 사용하여 연습해야 한다. 매일 조금씩 시간을 내어 여러 번 연습하면 좋다.

10 다음은 데바나가리 문자로 쓰여 진 첫 여섯 개 모음이다. 각 문자에 있는 작은 숫자는 쓰는 순서를 가리킨다. 일반적으로 왼쪽에서 오른쪽으로, 위에서 아래로 쓰고, 문자 위에 있는 가로줄을 맨 나중에 쓴다(a의 다른 형태는 제7과에서 배울 것이다).

a

ā

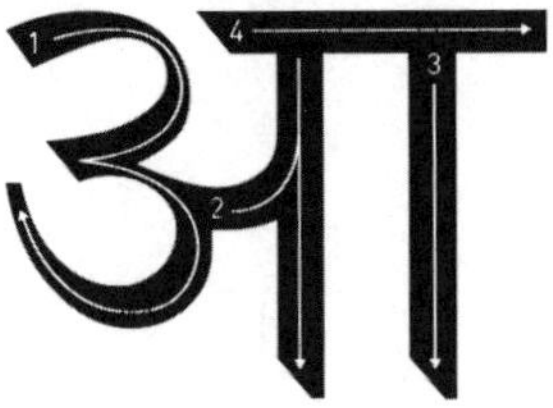

i

ī

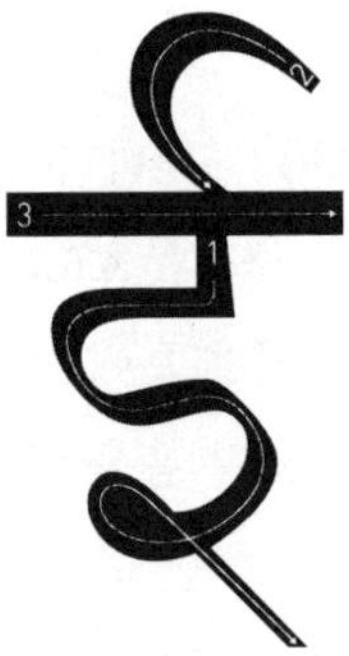

u

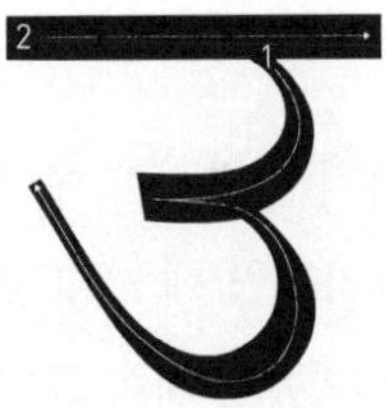

ū

문법

01 산스크리트 어근은 현재어간을 만드는 방식에 따라 10종류(gaṇa)로 나뉜다. 1권에서는 어간이 a로 끝나는 네 종류를 공부할 것이다. 어근(dhātu)은 √로 표시하는데, 어근에 어간(aṅga)을 형성하는 접미사를 붙이고 다시 어간에 인칭어미(tiṅ)를 붙여서 정동사(tiṅanta)를 만든다.

동사

어근	√gam	가다
어간	gaccha	가다
정동사	gacchati 어간+어미(ti)	그(그 여자, 그것)는 간다.

02 동사는 세 가지 인칭(puruṣa)으로 나뉜다. 3인칭(prathama, 처음), 2인칭(madhyama, 중간), 1인칭(uttama, 나중)이 그것이다(서구 학생들은 이 반대 순서로 배운다).

03 어간은 같지만 어미는 각 인칭에 따라 변한다. 이 형태를 현재 직설법이라 부른다. 현재 시제고 직설법이기 때문이다. 수는 단수(eka-vacana)이다.

3인칭	gacchati (gaccha + ti)	그(녀)는 간다
2인칭	gacchasi (gaccha + si)	너는 간다
1인칭	gacchāmi (gaccha + a + mi)	나는 간다

어휘

01 다음은 산스크리트 어휘와 한국어 번역이다. 모든 동사는 어근 형태로 나타내고, 그 다음에 3인칭 단수형으로 나타낸다. 어간은 인칭 어미를 제외한 것이다.

산스크리트	한국어
√gam(어근) gacchati(3인칭 단수)	그는 간다, 그 여자는 간다
ca(불변화사*)	그리고 (ca는 연결하는 단어의 가장 마지막이나 각 단어 뒤에 위치한다.) (문장이나 절의 처음에는 결코 올 수 없다.)
√prach(어근) pṛcchati(3인칭 단수)	그는 묻는다, 그 여자는 묻는다

* 어미를 취하지 않는 단어를 불변화사(avyaya, indeclinable, ind.)라 한다. 불변화사에는 전치사, 부사, 분사, 접속사 그리고 감탄사 등이 있다. 또 약간의 명사(예를 들어 svasti)가 불변화사로 취급되는 경우도 있다.

02 다음은 예문이다.

gacchāmi	나는 간다, (혹은) 나는 가고 있다.
pṛcchati gacchāmi ca	그는 묻는다. 그리고 나는 간다.
pṛcchati ca gacchāmi ca	그는 묻는다. 그리고 나는 간다.
gacchasi ca pṛcchasi ca	너는 간다. 그리고 너는 묻는다. (혹은) 너는 가서 묻는다.

연습문제

01 모음과 그 순서를 로마자로 기억하라. 모음을 정확하게 발음하도록 복습하라.

02 첫 여섯 개 모음을 데바나가리로 쓰고 읽을 수 있도록 복습하라.

03 현재 직설법에서 1인칭, 2인칭, 3인칭 동사 단수형을 기억하라.

04 어휘를 기억하라.

05 다음 문장들을 한국어로 번역하라. 각 문장들을 번역하기 전후에 여러 번에 걸쳐 큰 소리로 읽어보라. 241쪽의 정답과 비교해 보라.

a. pṛcchasi ca gacchati ca

b. gacchāmi pṛcchāmi ca

c. pṛcchati ca gacchati ca

d. gacchasi pṛcchāmi ca

e. pṛcchati pṛcchāmi ca

f. gacchasi ca gacchati ca

g. pṛcchāmi gacchasi ca

h. pṛcchati ca gacchāmi ca

06 다음 문장을 산스크리트로 번역하라.

a. 나는 간다. 그리고 나는 묻는다.

b. 너는 묻는다. 그리고 그는 간다.

c. 그는 간다. 그리고 너는 묻는다.

d. 그는 가고 묻는다.

e. 너는 묻는다.

f. 나는 묻는다 그리고 너는 간다.

g. 나는 간다. 그리고 너는 간다.

h. 그는 간다. 그리고 너는 간다.

2과

문자 첫 스물 다섯 자음과 조직

나머지 일곱 모음의 데바나가리

문법 양수 동사

어휘 몇 개의 동사

장소를 묻는 의문사

문자

01 폐쇄음(sparśa)이라고 불리는 첫 스물 다섯 개의 자음은 조음위치(sthāna)에 따라 배열된다.

자음

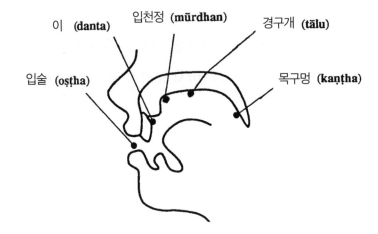

02 다음은 조음 위치에 따라 배열된 다섯 그룹(varga)이다. 예를 들면 후음행(ka-varga)은 목구멍에서 발음된다. 순음행은 입술에서 발음된다. 모음 a는 발음을 위해 부가된 것이다.

	1 무성 무기음	2 무성 대기음	3 유성 무기음	4 유성 대기음	5 유성 비음
후음(kaṇṭhya)	ka	kha	ga	gha	ṅa
구개음(tālavya)	ca	cha	ja	jha	ña
권설음(mūrdhanya)	ṭa	ṭha	ḍa	ḍha	ṇa
치음(dantya)	ta	tha	da	dha	na
순음(oṣṭhya)	pa	pha	ba	bha	ma

03 각 행의 영문자는 하나의 산스크리트 음을 나타낸다. 예를 들면 gh는 하나의 음으로서 대기음이면서 유성 후음이다.

04 ka는 kakāra(ka음을 만드는 것)라 불린다. ga는 gakāra(ga음을 만드는 것)라 불리고, ra를 제외한 모든 자음이 마찬가지 방식으로 불린다. 유일한 예외는 ra를 rakāra라고 하지 않고 그냥 ra, 혹은 repha라고 하는 것이다. repha란 으르렁거린다는 뜻이다. ra에 대해서는 제3과에서 배울 것이다.

05 각 행은 다섯 단으로 나뉜다. 곧 첫째(prathama), 둘째(dvitīya), 셋째(tṛtīya), 넷째(caturtha), 다섯째(pañcama)이다. 예컨대 ka, ca, ṭa, ta, pa는 모두 각 행의 첫째다.

06 어떤 음은 대기음(mahā-prāṇa)이다. 이들 음을 발음하기 위해서는 숨을 더 많이 내쉬어야 한다. 어떤 음은 무기음(alpa-prāṇa)이다. 어떤 음은 유성음(ghoṣa-vat)이다. 이 음을 발음하기 위해서는 성대를 울려야 한다. 어떤 음은 무성음(aghoṣa)이다. ṅ, ñ, ṇ, n, m은 비음(anunāsika)이다.

07 다음은 자음의 발음법이다.

k	skate의	k
kh	bunkhouse의	kh
g	go의	g
gh	loghouse의	gh
ṅ	sing의	ng
c	cello의	c
ch	charm의	ch (숨을 더 많이 내쉬면서)
j	just의	j
jh	just의	j (숨을 더 많이 내쉬면서)
ñ	enjoyable의	n
ṭ	stable의	t (ṭa행을 발음하기 위해서는 앞 페이지의 그림에 있듯이 혀를 입천정의 경구개에 대야 한다.)
ṭh	table의	t (숨을 더 많이 내 쉬면서)
ḍ	dynamic의	d

ḍh	redhead	dh(숨을 더 많이 내쉬면서)
ṇ	gentle의	n
	영어에서는 t와 d는 위의 ṭa행과 아래 ta행의 중간 정도의 발음이다.	
t	stable의	t (혀를 윗니의 뒤쪽에 대면서)
th	table의	t (혀를 윗니의 뒤쪽에 대면서)
d	dynamic의	d (혀를 윗니의 뒤쪽에 대면서)
dh	redhead의	dh (혀를 윗니의 뒤쪽에 대면서)
n	gentle의	n (혀를 윗니의 뒤쪽에 대면서)
p	spin의	p
ph	shepherd의	ph
b	beautiful의	b
bh	clubhouse의	bh
m	mother의	m

08 베다어에서는 ḍa와 ḍha가 모음 사이에 올 때, ḷa와 ḷha로 변하는 경향이 있다. 이는 흰색이 진홍색 사이에 있을 때 약간 붉은 빛을 띠는 것처럼 보이는 것에 비유된다. 그러므로 ḍa가 모음 사이에 있을 때는 ḷa로 변한다. 예를 들어 agnim iḍe는 리그베다 본집에서 agnim iḷe로 나타난다.

09 다음은 나머지 모음의 데바나가리이다.

ṛ

ṝ

ḷ

e

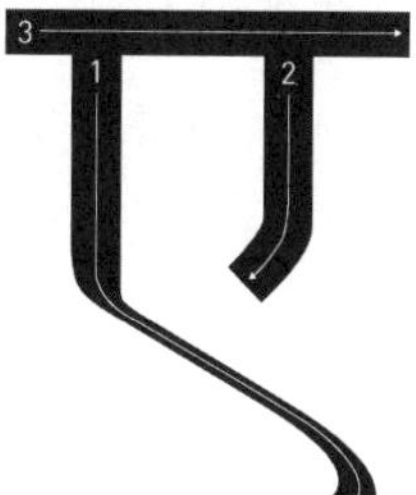

ai

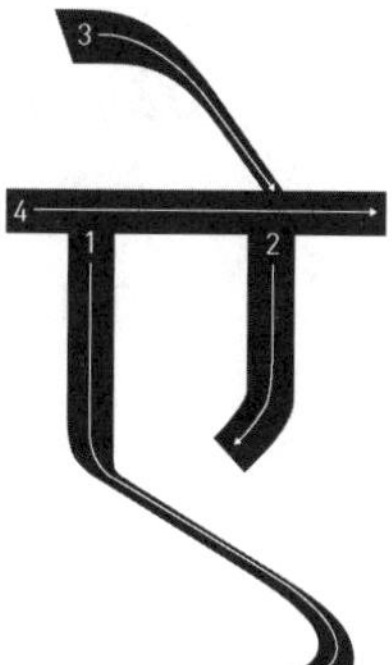

o

au

문법

01 영어와 달리 산스크리트는 양수동사가 있다. 양수(dvi-vacana) 동사는 다음과 같이 형성한다.

양수 동사

3인칭	gacchataḥ (gaccha + tas)	그 둘이 간다
2인칭	gacchathaḥ (gaccha + thas)	너희 둘이 간다
1인칭	gacchāvaḥ (gaccha + a + vas)	우리 둘이 간다

다음 과에서 ḥ 를 어떻게 발음하는지 배울 것이다. 동사를 형성할 때 어미 tas는 taḥ가 되는 것을 주의해야 한다. 이 변화는 연성법(sandhi)이 적용되기 때문이다(다음 페이지 연성법 소개를 보라).

02 영어에서 의문사는 where, when 등과 같이 보통 'wh'로 시작한다. 산스크리트에서는 의문사 k와 함께 시작한다. 예를 들어 영어의 'where'에 해당하는 산스크리트 의문사는 kutra이다. 의문사는 보통 문장의 가장 앞에 놓인다.

kutra gacchati
그는 어디로 가는가?

어휘	산스크리트	한국어
	kutra (불변화사)	어디로, 어디에서,
	√bhū (어근), bhavati (3인칭, 단수)	그는 ~이다, 그가 ~이 되다
	√vas (어근), vasati (3인칭, 단수)	그는 산다
	√smṛ (어근), smarati (3인칭, 단수)	그는 기억한다

연성법
sandhi

연습문제를 풀기 전에 음의 결합법인 연성법을 소개한다. 예를 들어 영어에서는 'an apple', 'a pear'와 같이 발음의 편의상 부정관사를 달리 붙이는 경우가 있다. 또 정관사 'the'는 다음에 오는 단어에 따라 달리 발음된다. 또 어떤 음은 환경에 따라 발음이 변한다. 산스크리트에서도 마찬가지로 많은 음이 이러한 변화를 한다. 영어와 다른 점은 이들 변화가 읽을 때만 발생하는 것이 아니고 발음 그대로 표기된다는 점이다. 이런 음운변화의 규칙을 sandhi라고 한다. sandhi란 결합, 조합이라는 뜻이다.

연습문제

01 스물 다섯 개 자음군의 순서와 발음을 복습하라. 나머지 일곱 모음의 데바나가리를 쓰고 복습하라.

02 각각의 자음을 그 분류 방법에 따라 구분할 수 있도록 하라. 예를 들어 구개음이자 유성유기음은 jha이다.

03 동사 양수 어미를 복습하라.

04 어휘를 복습하라.

05 18쪽의 정리표를 이용하여 다음 문장을 한국어로 번역하라. 괄호 안에 연성법이 적용된 문장은 다만 살펴보기만 하라(괄호안은 연성법이 적용된 형태). 답은 242쪽에 있다.

a. kutra vasāvaḥ
(kutra vasāvaḥ)

b. bhavasi ca bhavāvaḥ ca
(bhavasi ca bhavāvaś ca)

c. vasāmi smarataḥ ca
(vasāmi smarataś ca)

d. pṛcchathaḥ ca smarati ca
(pṛcchathaś ca smarati ca)

e. kutra gacchāvaḥ
(kutra gacchāvaḥ)

f. kutra bhavāmi
(kutra bhavāmi)

g. kutra gacchāmi
(kutra gacchāmi)

h. pṛcchāmi ca smarati ca
(pṛcchāmi ca smarati ca)

i. vasasi ca gacchāvaḥ ca
(vasasi ca gacchāvaś ca)

j. kutra gacchasi
(kutra gacchasi)

06 다음 문장을 산스크리트로 번역하라.

a. 너희 둘은 어디로 가고 있는가?

b. 나는 산다. 그리고 그들 둘도 산다.

c. 우리 둘은 묻는다. 그리고 그들 둘은 기억한다.

d. 너는 간다. 그리고 그는 간다.

e. 나는 어디로 가고 있는가?

f. 나는 있다. 그리고 너희 둘도 있다.

g. 너는 어디에 있는가?

h. 그는 어디로 가고 있는가?

요약 정리

인칭	단수	양수
3인칭	gacchati 그는 간다	gacchataḥ 그들 둘은 간다
2인칭	gacchasi 너는 간다	gacchathaḥ 너희 둘은 간다
1인칭	gacchāmi 나는 간다	gacchāvaḥ 우리 둘은 간다

동사

√gam	gacchati	그는 간다
√prach	pṛcchati	그는 묻는다
√bhū	bhavati	그는 있다
√vas	vasati	그는 산다
√smṛ	smarati	그는 기억한다

불변화사

kutra	어디
ca	그리고

3 과

낭송	나머지 문자의 로마자
	첫 열 개 자음의 데바나가리
문법	복수 동사
	동사에 관한 문법 술어
	악센트
어휘	동사

문자

나머지 문자

01 제2과에서 배운 자음들은 폐쇄음이라고도 한다. 그 자음들은 공기의 흐름을 막기 때문이다. 그 자음들은 '완전한 접촉(spṛṣṭa)'에 의해 형성된다. 나머지 문자들도 자음이지만 공기의 흐름을 더 많이 필요로 한다.

02 '가벼운 접촉(īṣat-spṛṣṭa)'으로 형성되는 네 개의 자음을 반모음이라고 부른다. 그들은 유성음이지만 대기음은 아니다. 그들은 모음과 자음의 중간 쯤에 해당한다. 그래서 '중간에 있는 것(antaḥstha)'이라고 부른다.

ya, ra, la, va

03 치찰음은 '반-접촉(ardha-spṛṣṭa)'으로 이루어진다. 그들은 대기음이지만 유성음은 아니다. 치찰음은 '따뜻한 것(ūṣman)'이라 불린다.

śa, ṣa, sa

04 기음은 유성음이지만 때때로 치찰음으로 분류된다.

ha

05 다음은 이들 자음의 발음법이다.

y	yes의	y
r	red의	r
l	law의	l
v	victory의	v (w에 더 가깝게 발음한다.)
ś	shine의	sh
ṣ	efficient의	c (ś와 가깝다.)
s	sweet의	s
h	hero의	h

06 두 개의 부가음은 anusvāra(ṃ)와 visarga(ḥ)다. 이 두 자음은 모음 다음에 온다.

07 anusvāra(ṃ)는 프랑스어 'bon'처럼 그 앞에 있는 모음을 비음화한다. anusvāra는 다음에 오는 음에 따라 발음이 변한다. anusvāra는 다음에 오는 자음이 속한 행의 비음처럼 발음할 수 있다. 예를 들면 saṃkhya는 saṅkhya처럼 발음한다. 사전에서 anusvāra는 그것이 변해갈 비음과 같은 위치에서 찾을 수 있다. 만약 anusvāra가 반모음이나 치찰음 앞에 오면 사전에서는 ka 앞에서 찾을 수 있다.

08 visarga(ḥ), 곧 visarjanīya는 많은 경우 s 또는 r 대신 일어나는 무성대기음이다. 현대 인도에서는 그것은 종종 그 앞 모음의 여운을 가지고 발음된다. 예를 들면 a 뒤에는 그것은 짧은 ha처럼 발음 되고, i 뒤에서는 짧은 hi처럼 발음 된다.

aḥ	=	ah^{a}
iḥ	=	ih^{i}
uḥ	=	uh^{u}

jihvāmūlīya(ẖ)는 ka나 kha 앞에서 visarga 대신 사용되기도 한다. upadhmānīya(ḫ)는 pa나 pha 앞에서 visarga 대신 사용되기도 한다. 이들은 드물게 사용되는데, ka나 pa앞에서 호흡이 미묘하게 변하는 것을 의미한다. 곧 목구멍을 통해 숨을 내쉬는가(ẖ), 아니면 입술을 통해 숨을 내쉬는가(ḫ)의 차이다.

09 이로써 우리는 산스크리트의 모든 문자를 로마자 형태로 익혔다. 몇몇 문자는 다른 방식으로도 표기한다.

śa	⇨	sha	예) śaṅkara, shaṅkara
ṛ	⇨	ri	예) ṛk, rik
ṅ	⇨	n̄	예) śaṅkara, śan̄kara
cha	⇨	ccha	예) chandas, cchandas
ca	⇨	cha	예) candra, chandra

10 모든 음은 입 안의 조음위치에 따라 분류될 수도 있다.

후음	a ā	ka	kha	ga	gha	ṅa		ha
구개음	i ī e ai	ca	cha	ja	jha	ña	ya	śa
권설음	ṛ ṝ	ṭa	ṭha	ḍa	ḍha	ṇa	ra	ṣa
치음	ḷ	ta	tha	da	dha	na	la	sa
순음	u ū o au	pa	pha	ba	bha	ma	va	

복합모음은 조음위치가 두 곳이다. e음(a음과 i음의 결합)과 ai음(ā음과 i음의 결합)은 후음과 구개음의 위치에서 발음된다. o음(a음과 u음의 결합)과 au음(ā음과 u음의 결합)은 후음과 순음의 위치에서 발음된다. va음은 치음과 순음의 위치에서 발음된다.

11 다음은 로마자로 나타낸 모든 산스크리트 문자이다.

모음(svara)

단순모음(śuddha)	a	ā
	i	ī
	u	ū
	ṛ	ṝ
	ḷ	
복합모음(saṃyukta)	e	ai
	o	au
비음화(anusvāra)	ṃ	
기음(visarga)	ḥ	

자음(vyañjana)

후음(kaṇṭhya)	ka	kha	ga	gha	ṅa
구개음(tālavya)	ca	cha	ja	jha	ña
권설음(mūrdhanya)	ṭa	ṭha	ḍa	ḍha	ṇa
치음(dantya)	ta	tha	da	dha	na
순음(oṣṭhya)	pa	pha	ba	bha	ma
반모음(antaḥstha)	ya	ra	la	va	
치찰음(ūṣman)	śa	ṣa	sa	ha	

12 다음은 데바나가리 문자의 첫 10개 자음이다. 각 데바나가리는 a음을 포함한다. 예를 들면 첫 자음은 k만을 의미하는 것이 아니라 ka를 의미한다.

ka kha ga gha ṅa

ca cha ja jha ña

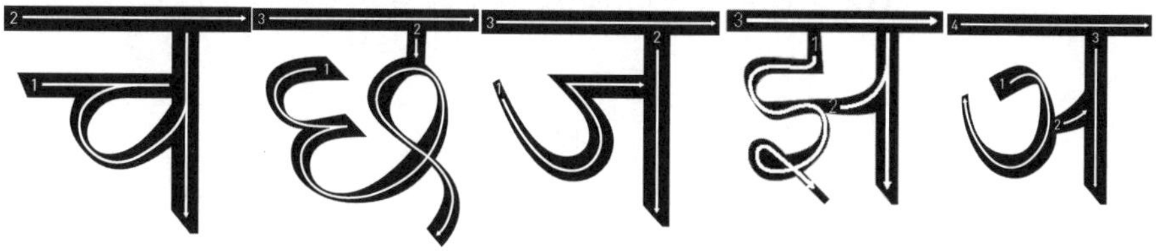

문법

복수 동사

01 다음은 동사 √gam의 복수(bahu-vacana)다.

3인칭	gacchanti (gaccha - a + anti)	그들 모두 간다
2인칭	gacchatha (gaccha + tha)	너희들 모두 간다
1인칭	gacchāmaḥ (gaccha + a + mas)	우리들 모두 간다

3인칭 복수는 gaccha에서 a를 빼고 거기에 다시 anti를 더한 형태임에 유의하라.

02 현재 직설법(laṭ)의 완전한 활용형은 다음과 같다.

	단수	양수	복수
3인칭	gacchati	gacchataḥ	gacchanti
2인칭	gacchasi	gacchathaḥ	gacchatha
1인칭	gacchāmi	gacchāvaḥ	gacchāmaḥ
	그는 간다	그들 둘은 간다	그들은 간다
	너는 간다	너희 둘은 간다	너희들은 간다
	나는 간다	우리 둘은 간다	우리들은 간다

인도에서 산스크리트를 공부하는 학생들은 이들 동사 활용례를 가로로 기억한다. 서구에서 산스크리트를 공부하는 학생들은 그것을 세로로 배운다. (동사든 명사든) 인도식을 따라 가로로 기억하는 것이 더 낫다.

03 동사 어미의 표준형

	단수	양수	복수
3인칭	ti	tas	anti
2인칭	si	thas	tha
1인칭	mi	vas	mas

정동사를 형성할 때 어말 s는 연성법칙(sandhi) 때문에 ḥ가 되는 것에 유의해야 한다.

문법 술어

04 동사는 시제/법, 태, 인칭, 수 등 네가지 방식으로 분류된다. 이것은 영어에서 동사를 분류하는 방법과 비슷하지만 조금 다른 측면도 있다. 간략하게 개괄하면 다음과 같다.

시제/법

시제와 법은 10개의 lakāra(la음)로 그룹지어진다. 우리는 이미 직설법 현재(laṭ)를 배웠다. 다른 시제/법은 완료(liṭ), 중복 미래(luṭ), 단순 미래(lṛṭ), 종속법(leṭ), 명령법(loṭ), 과거(laṅ), 원망법(liṅ), 아오리스트(luṅ), 조건법(lṛṅ) 등이다.

태(upagraha)

우리는 이미 파라스마이파다 어미를 취하는 파라스마이파다(parasmaipada, P)를 배웠다. 9과에서 우리는 아트마네파다(ātmanepada, Ā)를 배울 것이다. 보통 행위의 결과가 행위자 자신(ātman)에게 돌아올 때 아트마네파다가 사용된다. 행위의 결과가 다른 사람(para)에게 갈 때 파라스마이파다가 사용된다(하지만 문헌상에서 이런 구별은 명확하게 지켜지지 않는다). 어떤 어근은 두가지 모두(ubhayapada, U)로 활용하고 어떤 어근은 한가지로만 활용한다. 우리가 이때까지 배운 단어는 보통 파라스마이파다로 활용한다.

인칭(puruṣa) : 우리는 이미 세 가지 인칭을 배웠다.

3인칭(prathama)
2인칭(madhyama)
1인칭(uttama)

수(vacana) : 우리는 이미 세 가지 수를 배웠다.

단수(eka)
양수(dvi)
복수(bahu)

05 모든 동사는 이러한 범주로 분류될 수 있다. 예를 들어 gacchati(그는 간다)는 직설법 현재, 파라스마이파다, 3인칭 단수이다.

06 문법 기호 약호를 사용하여 gacchati를 다음과 같이 나타낼 수 있다. pres. indic. act. 3rd per. sing. 이것은 직설법 현재 파라스마이파다, 3인칭 단수라는 뜻이다(이것은 보기보다 어렵지 않다. 우리가 이때까지 배운 모든 동사는 직설법 현재 파라스마이파다이다. 따라서 인칭과 수만 결정하면 된다).

07 예를 들면 다음과 같다.

gacchāmi	나는 간다.	(현재 직설법, 1인칭, 단수)
bhavanti	그들이 있다.	(현재 직설법, 3인칭, 복수)
pṛcchāvaḥ	우리 둘은 질문한다.	(현재 직설법, 1인칭, 양수)

악센트

01 산스크리트의 악센트는 고저 악센트이다. 높은 톤(udātta), 낮은 톤(anudātta), 유동 톤(svarita)이 있다. 리그베다 본집에서는 높은 톤은 표시하지 않고, 낮은 톤은 밑줄로 표시하며, 유동 톤은 세로선으로 위에 표시한다. 예를 들면 다음과 같다.

अ॒ग्निमी॑ळे पु॒रोहि॑तं य॒ज्ञस्य॑ दे॒वमृ॒त्विज॑म्

고전 산스크리트 문헌에서는 엑센트는 표시하지 않는다.

02 대부분의 산스크리트 사전에서는 베다어에 대해서만 고음 표시를 하고 있다. 예를 들면,

Mánu
mádhu
rátna

03 파니니는 엑센트에 대한 규칙을 정하지 않았다.

04 현재, 정확한 발음을 위한 중요한 규칙은 단모음과 장모음 사이의 분명한 구분을 유지하는 것이다(제1과 참조).

어휘

na	부정어 (영어의 not과 같으며, 동사 앞에 위치한다)
√vad(어근), vadati(3rd per. sing)	그는 말한다
√sthā(어근), tiṣṭhati (3rd per. sing)	그는 서 있다

여기서 산스크리트 배열 순서는 산스크리트 알파벳 순서에 따른다.

연습문제를 풀기 전에 알아두어야 할 규칙 하나는 문장과 문장을 ca로 연결할 때, ca가 앞 문장 바로 뒤에 오는 것이 아니라 뒷 문장의 첫 단어 뒤에 온다는 점이다. 예를 들어,

gacchāmi na ca gacchati
나는 간다. 그리고 그는 가지 않는다.

연습문제

01 반모음, 치찰음, 아누스바라 그리고 비사르가 등의 발음법과 위치를 익히고, 첫 열 개 자음의 데바나가리를 익히라.

02 모든 산스크리트 알파벳을 로마자로 순서대로 쓰라.

03 지금까지 배운 모든 동사를 활용시키고, 아홉 개의 어미를 익히라.

04 지금까지 배운 문법 용어의 약호를 익히시오.

05 요약 정리표를 이용하여 다음을 한국어로 번역하라.
(괄호안은 연성법이 적용된 형태)

a. vadati na ca vadāmi
(vadati na ca vadāmi)

b. vadathaḥ smarataḥ ca
(vadathaḥ samaratаś ca)

c. na gacchanti
(na gacchanti)

d. tiṣṭhāmaḥ gacchāmaḥ ca
(tiṣṭhāmo gacchāmaś ca)

e. bhavathaḥ ca vasathaḥ ca
(bhavathaś ca vasathaś ca)

f. kutra bhavasi
(kutra bhavasi)

g. tiṣṭhanti gacchanti ca
(tiṣṭhanti gacchanti ca)

h. na ca pṛcchati na ca vadati
(na ca pṛcchati na ca vadati)

06 다음 문장을 산스크리트로 번역하라. 둘이라는 단어가 없으면 복수로 번역하라.

a. 그들은 어디로 가고 있는가?

b. 우리는 말하지 않는다.

c. 그는 묻고 그들은 말한다.

d. 우리는 어디에 서 있는가?

e. 두 사람은 어디에 사는가?

f. 우리는 가지 않는다.

g. 나는 묻고 그들은 기억한다.

h. 우리들은 어디에 있는가?

요약 정리

	단수	양수	복수
3인칭	gacchati	gacchataḥ	gacchanti
	그는 간다	그들 둘은 간다	그들 모두가 간다
2인칭	gacchasi	gacchathaḥ	gacchatha
	너는 간다	너희 둘은 간다	너희 모두가 간다
1인칭	gacchāmi	gacchāvaḥ	gacchāmaḥ
	나는 간다	우리 둘은 간다	우리 모두가 간다

동사

√gam	gacchati	그는 간다
√prach	pṛcchati	그는 묻는다
√bhū	bhavati	그는 있다
√vad	vadati	그는 말한다
√vas	vasati	그는 산다
√sthā	tiṣṭhati	그는 선다
√smṛ	smarati	그는 기억한다

불변화사

kutra	어디
ca	그리고
na	부정사

4 과

문자 ṭa행과 ta행의 데바나가리

문법 주격

목적격

어휘 단모음 a로 끝나는 명사

문자

01 다음은 ṭa과 ta행의 데바나가리다.

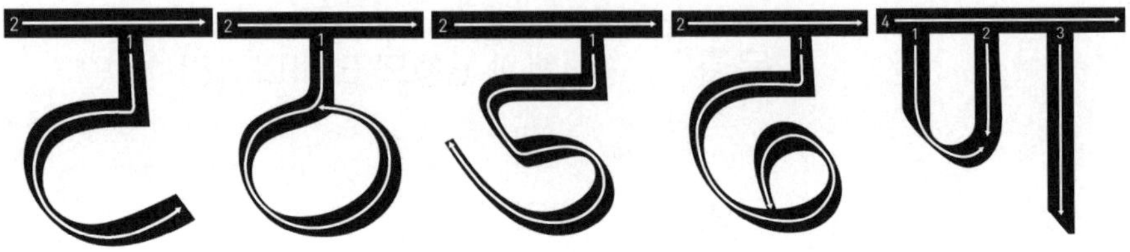

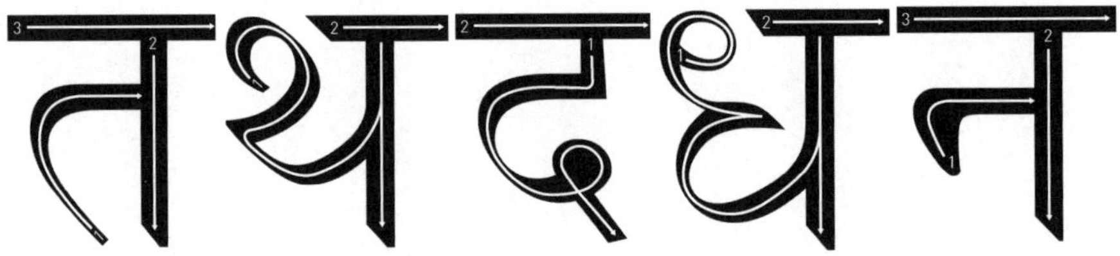

02 베다 산스크리트에는 ḍa와 ḍha가 모음 사이에 올 때는 ḷa와 ḷha로 변한다 (2과 문자 8 참조).

ḷa ळ　　　ḷha ळ्ह

문법

명사

01 산스크리트에서 명사는 동사와 유사한 방법으로 만들어진다. 어근(dhātu)이 명사 어간(prātipadika)을 형성하고, 거기에 접미사(sup)가 더해져 명사가 형성된다. 명사는 문장 안에서 그 역할에 따라 여러가지 격(vibhakti)을 가진다.

02 이 과에서는 두 가지 격을 학습한다.

주격(prathamā)은 "라마가 간다"와 같이 주어를 지시하는데 사용한다. 또한 주격은 "라마는 왕이다"에서처럼 주어와 동일시되는 술부주격(보어)으로 사용한다. 인도에서 단어를 인용할 때는 주격으로 인용한다.

목적격(dvitīyā)은 직접 목적어로 사용한다. 목적격은 또한 "그는 도시로 간다"처럼 운동의 목표를 나타내는데 사용한다.

03 예를 들어 "그 사람은 말에게 간다" 는 문장에서 '사람'은 주격으로 나타내고, '말'은 목적격으로 나타낸다.

사람이 말에게 간다
(주격) (목적격)

04 다음은 단모음 a로 끝나는 남성명사의 격변화이다.

어간 : nara(남성명사), 사람

	단수(eka-vacana)	양수(dvi-vacana)	복수(bahu-vacana)
주격	naraḥ	narau	narāḥ
목적격	naram	narau	narān

naraḥ는 nara+s로 이루어진 것이다. s는 연성법칙(sandhi) 때문에 ḥ로 바뀐 것이다.

05 주어와 동사는 반드시 수에서 일치해야 한다. 예를 들어 주어가 단수면 동사도 반드시 단수여야 한다. 예를 들어,

narah aśvam gacchati
사람이 말에게 간다(주어와 동사는 단수)

narāḥ aśvam gacchanti
사람들이 말에게 간다(주어와 동사는 복수)

06 직접 목적어는 주어나 동사와 일치할 필요가 없다. 우리는 지금 능동 구문에 대한 규칙을 학습하고 있다(kartari prayoga). 능동 구문에서 행위의 주체(kartṛ)는 주격으로 나타내고, 행위의 대상(karman)은 목적격으로 나타낸다.

07 "소년 라마"처럼 동격의 명사는 같은 격을 쓴다. 예를 들어 "그녀가 소년 라마에게 말한다"라는 문장에서 소년과 라마는 같은 목적격으로 나타낸다.

08 일반적인 어순은 주어+목적어+동사 순이다.

주어	목적어	동사
naraḥ	aśvam	gacchati (연성법이 적용되지 않았을 때)
(naro	'śvaṃ	gacchati) (연성법이 적용되었을 때)

naraḥ가 ḥ로 끝났으므로 가는 것은 말이 아니라 사람임을 알 수 있다. 영어는 주로 어순에 의존해 의미를 나타내지만, 산스크리트는 어순보다는 단어 어미에 의존한다.

어휘

산스크리트	한국어
aśvaḥ (남성명사)	말
gajaḥ (남성명사)	코끼리
naraḥ (남성명사)	사람
putraḥ (남성명사)	아들
mṛgaḥ (남성명사)	사슴
rāmaḥ (남성명사)	라마 (인도서사시 라마야나의 주인공)
vā (불변화사)	또는 (ca와 같은 방식으로 사용된다. 문장이나 절의 문두에 오지 않는다.)

명사는 주격 형태로 인용된다. 전통적으로 주격은 독립적으로 단어를 인용하는 데 사용하기 때문이다.

동사뿐 아니라 명사도 ca와 vā로 연결할 수 있다. 두 개의 주격이 vā로 연결될 때 영어와 마찬가지로 동사는 가장 가까운 주격과 일치한다. 예를 들어,

aśvaḥ gajāḥ vā gacchanti (연성법이 적용되지 않았을 때)
(aśvo gajā vā gacchanti) (연성법이 적용되었을 때)
말 한 마리 혹은 여러 마리의 코끼리가 가고 있다.

연습문제

01 ṭa행과 ta행의 데바나가리를 익히라.

02 단모음 a로 끝나는 남성명사 주격과 목적격의 단수, 양수, 복수형 어미 변화를 기억하라. 앞에서와 마찬가지로 수평으로 익히라.

03 이 과에 나온 단어를 익히고 지난 과에서 나온 단어를 복습하라.

04 다음 문장을 한국어로 번역하라. 이때 먼저 동사를 번역하고, 다음으로 주어, 다음으로 목적어가 있다면 목적어를 번역하라. 연성법칙을 눈여겨 보라.

a. narāḥ mṛgam smaranti
(narā mṛgaṃ smaranti)

b. rāmaḥ aśvau gacchati
(rāmo 'śvau gacchati)

c. kutra gajāḥ vasanti
(kutra gajā vasanti)

d. narau rāmam vadataḥ
(narau rāmaṃ vadataḥ)

e. putraḥ smarati pṛcchati vā
(putraḥ smarati pṛcchati vā)

f. rāmaḥ mṛgam gacchati
(rāmo mṛgaṃ gacchati)

g. aśvau na vadataḥ
(aśvau na vadataḥ)

h. rāmaḥ putram vadati
(rāmaḥ putraṃ vadati)

05 다음 문장을 산스크리트로 번역하라. 특별한 표시가 없을 경우는 단수로 번역하라.

a. 사람들이 사슴에게 말한다.

b. 라마가 말들에게 말한다.

c. 아들이 말에게 가서 선다.

d. 코끼리들은 기억하지 못한다.

e. 말들은 어디에 서 있는가?

f. 코끼리는 어디에 있는가?

g. 라마는 말하고, 아들은 기억한다.

h. 그들은 서 있다. 혹은 그들은 간다.

i. 라마는 어디에 서 있느냐?

j. 라마 혹은 아들이 간다.

k. 라마와 아들이 간다.

06 다음 문장을 한국어로 번역하라.

a. narau putram vadataḥ
(narau putraṃ vadataḥ)

b. kutra aśvāḥ ca gajāḥ ca gacchanti
(kutrāśvāś ca gajāś ca gacchanti)

c. aśvaḥ mṛgaḥ vā gacchati
(aśvo mṛgo vā gacchati)

d. rāmaḥ putrau vadati
(rāmaḥ putrau vadati)

e. mṛgaḥ aśvaḥ gajaḥ ca gacchanti
(mṛgo 'śvo gajaś ca gacchanti)

f. putrāḥ mṛgān na smaranti
(putrā mṛgān na smaranti)

g. kutra narau vasataḥ
(kutra narau vasataḥ)

h. rāmam pṛcchāmi
(rāmaṃ pṛcchāmi)

i. narau putrān na vadataḥ
(narau putrān na vadataḥ)

j. kutra mṛgāḥ bhavanti
(kutra mṛgā bhavanti)

07 다음 문장을 산스크리트로 번역하라.

a. 라마는 어디로 가고 있는가?

b. 라마는 말에게 가고 있다.

c. 아들이 말들에게 말하지 않는다.

d. 두 마리의 코끼리가 사람을 기억한다.

e. 두 마리의 사슴이 어디에 살고 있는가?

f. 너는 말에게 간다.

g. 우리는 어디에 서 있는가?

h. 아들이 말들과 코끼리들에게 간다.

i. 당신들은 모두 코끼리에게 말하고 있다.

j. 코끼리는 기억하지 못한다.

요약 정리

	단수	양수	복수
3인칭	gacchati 그는 간다	gacchataḥ 그들 둘은 간다	gacchanti 그들 모두가 간다
2인칭	gacchasi 너는 간다	gacchathaḥ 너희 둘은 간다	gacchatha 너희 모두가 간다
1인칭	gacchāmi 나는 간다	gacchāvaḥ 우리 둘은 간다	gacchāmaḥ 우리 모두가 간다

동사

√gam	gacchati	그는 간다
√prach	pṛcchati	그는 묻는다
√bhū	bhavati	그는 있다
√vad	vadati	그는 말한다
√vas	vasati	그는 산다
√sthā	tiṣṭhati	그는 선다
√smṛ	smarati	그는 기억한다

명사

	단수	양수	복수
주격	naraḥ	narau	narāḥ
목적격	naram	narau	narān

aśvaḥ	말
gajaḥ	코끼리
naraḥ	사람
putraḥ	아들
mṛgaḥ	사슴
rāmaḥ	라마

불변화사

kutra	어디
ca	그리고
na	부정사
vā	혹은

5 과

문자	나머지 자음의 데바나가리
문법	구격과 여격
어휘	단모음 a로 끝나는 명사

문자

01 다음은 pa행 자음 데바나가리이다.

pa pha ba bha ma

02 다음은 반모음 데바나가리이다.

ya ra la va

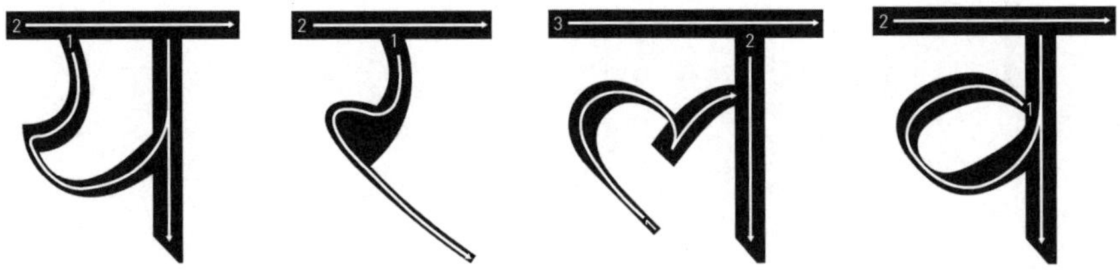

03 다음은 치찰음과 기음 데바나가리이다.

śa ṣa sa ha

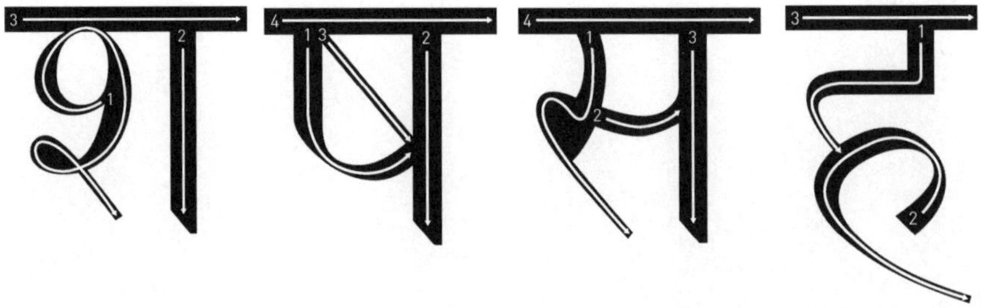

04 다음은 아누스바라와 비사르가 데바나가리이다.

aṃ

aḥ

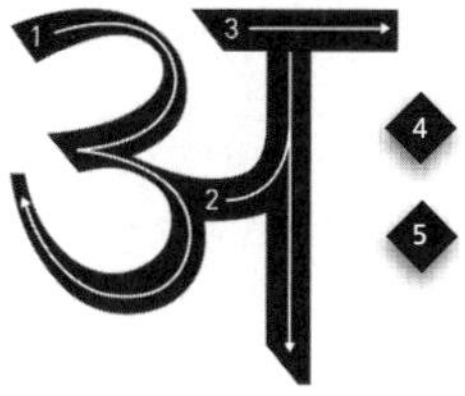

05 다음은 jihvāmulīya(ẖ)와 upadhmānīya(ḫ)이다. 그것은 대체로 같은 방식으로 쓴다. ka, kha 앞에서 jihvamūlīya이고 pa, pha앞에서는 upadhmānīya이다.

ẖ

ḫ

upadhmānīya(ḫ)는 다음과 같이도 표기한다.

06 다음은 데바나가리 문자로 나타낸 모든 자모다.

모음	अ	a	आ	ā
	इ	i	ई	ī
	उ	u	ऊ	ū
	ऋ	ṛ	ॠ	ṝ
	ऌ	ḷ		
	ए	e	ऐ	ai
	ओ	o	औ	au
	अं	aṃ(ṃ)	अः	aḥ(ḥ)

자음

후음(kaṇṭhya)	क ka	ख kha	ग ga	घ gha	ङ ṅa
구개음(tālavya)	च ca	छ cha	ज ja	झ jha	ञ ña
권설음(mūrdhanya)	ट ṭa	ठ ṭha	ड ḍa	ढ ḍha	ण ṇa
치음(dantya)	त ta	थ tha	द da	ध dha	न na
순음(oṣṭhya)	प pa	फ pha	ब ba	भ bha	म ma
반모음(antaḥstha)	य ya	र ra	ल la	व va	
치찰음(ūṣman)	श śa	ष ṣa	स sa	ह ha	

문법

01 이 과에서는 두 가지 격을 새로 배울 것이다 : 구격(tṛtīyā)과 여격(caturthī)

구격과 여격

02 구격은 동반을 나타내기 위해 사용한다. 예를 들어,

ex) gajena saha rāmaḥ gacchati(연성법을 적용 안한 문장)
(gajena saha rāmo gacchati) (연성법을 적용한 문장)
라마는 코끼리와 함께 간다.
(구격)

saha가 동반을 나타내기 위해 구격 뒤에 사용되기도 한다.

03 구격은 또한 도구를 나타내는데 사용된다(이는 동반을 나타내는 것으로부터 파생한 것이지만 더 자주 사용된다).

ex) 나는 펜으로 글씨를 쓴다.
(구격)

04 여격은 간접목적어를 나타내기 위해 사용한다. 그것은 또한 목적을 나타낸다. 예를 들어,

ex) rāmaḥ putrāya aśvam gacchati(연성법을 적용 안한 문장)
(rāmaḥ putrāyāśvaṃ gacchati)(연성법을 적용한 문장)
라마는 아들을 위해 말이 있는 곳으로 간다.
여격

rāmaḥ putrāya pustakam paṭhati(연성법을 적용 안한 문장)
(rāmaḥ putrāya pustakaṃ paṭhati)(연성법을 적용한 문장)
라마는 아들에게 책을 읽어 준다
(여격)

05 구격과 여격의 형성

어간 nara(남성명사) 사람

	단수(eka-vacana)	양수(dvi-vacana)	복수(bahu-vacana)
구격	nareṇa*	narābhyām	naraiḥ
여격	narāya	narābhyām	narebhyaḥ

* '코끼리와 함께'는 gejena다(아래를 보라).

06 다음에 설명하는 연성법에 대해서는 11과에서 더 자세히 설명할 것이다. 여기서는 일단 어떤 단어가 r나 ṛ를 포함하고 있을 경우, 그 다음에 오는 n은 종종 ṇ로 바뀐다는 것만 기억하자. 예를 들어 nareṇa, putreṇa, mṛgeṇa, rāmeṇa와 같다. 그러나 aśvena, gajena는 그 앞에 r, ṛ가 오지 않았으므로 바뀌지 않는다.

07 산스크리트에서 어순은 엄격하지 않다. 대체로 구격은 그것과 가장 밀접하게 연관되어 있는 단어 가까이에 오고, 여격은 동사 앞에 온다(어순에 대한 더 자세한 설명을 뒤에서 다시 이루어질 것이다).

08 vadati(말하다)와 pṛcchati(묻다)는 종종 '이중 목적격'을 취한다. 곧 말하는 내용과 그것을 듣는 상대방이다. 대체로 간접 목적어인 청자가 동사 가까이에 위치한다. 정확한 의미는 문맥상에서 파악할 수 있다. 예를 들어,

ex) rāmaḥ mṛgam putram vadati (연성법을 적용하지 않은 문장)
(rāmo mṛgaṃ putraṃ vadati) (연성법을 적용한 문장)
라마는 아들에게 사슴에 대하여 말한다.

어휘

산스크리트		한국어
tatra	(불변화사)	그 곳, 거기에
nṛpaḥ	(남성명사)	왕
bālaḥ	(남성명사)	소년
vīraḥ	(남성명사)	영웅
saha	(불변화사)	~과 함께, 더불어 (동반을 나타내며 구격 다음에 사용되기도 한다.)

산스크리트의 어순은 아주 자유롭다. 물론 그것이 문법에 어긋나는 것은 아니다.

연습문제

01 이 과에서 배운 데바나가리를 익히라.

02 구격과 여격의 형태를 익히라.

03 지금까지 배운 모든 어휘를 익히라.

04 다음 산스크리트를 한국어로 번역하라.

a. kutra vīrāḥ tiṣṭhanti
(kutra vīrās tiṣṭhanti)

b. bālau gajena saha tatra bhavataḥ
(bālau gajena saha tatra bhavataḥ)

c. nṛpaḥ aśvam gacchati
(nṛpo 'śvaṃ gacchati)

d. aśvena saha vīraḥ nṛpān gacchati
(asvena saha vīro nṛpān gacchati)

e. mṛgeṇa saha rāmaḥ vasati
(mṛgeṇa saha rāmo vasati)

f. gajaiḥ saha bālāḥ gacchanti
(gajaiḥ saha bālā gacchanti)

g. narāḥ putram vadanti
(narāḥ putraṃ vadanti)

h. vīrāḥ mṛgān rāmam pṛcchanti (아래 5b와 같다)
(vīrā mṛgān rāmaṃ pṛcchanti)

i. tatra bālaḥ nṛpāya gacchati.
(tatra bālo nṛpāya gacchati)

05 다음 문장을 산스크리트로 번역하라.

a. 소년들이 말들에게 간다.

b. 아들이 왕에게 사슴에 대하여 묻는다. (이중 목적격)

c. 왕이 사람을 기억한다.

d. 영웅이 아들과 함께 산다.

e. 소년이 왕에게 질문하고, 왕은 기억한다.

f. 코끼리들은 아들과 함께 거기에 있지 않다.

g. 라마는 어디에 살고 있는가?

h. 왕 또는 영웅이 소년에게 말한다.

i. 영웅이 소년을 위해 간다.

j. 코끼리들은 그 곳에 말들과 함께 있다.

k. 나는 왕을 기억한다.

l. 당신은 소년과 함께 그 곳으로 가고 있다.

06 다음 문장을 한국어로 번역하라.

a. aśvaiḥ saha vīraḥ gacchati
(aśvaiḥ saha vīro gacchati)

b. tatra nṛpāya narāḥ gacchanti
(tatra nṛpāya narā gacchanti)

c. vīrau tiṣṭhataḥ vadataḥ ca
(vīrau tiṣṭhato vadataś ca)

d. mṛgāḥ tatra vasanti
(mṛgās tatra vasanti)

e. kutra bālābhyām saha nṛpaḥ gacchati
(kutra bālābhyāṃ saha nṛpo gacchati)

f. rāmaḥ aśvam putram pṛcchati
(rāmo 'śvaṃ putraṃ pṛcchati)

g. tatra gajāḥ na tiṣṭhanti
(tatra gajā na tiṣṭhanti)

h. vīraḥ nṛpam bālam vadati
(vīro nṛpaṃ bālaṃ vadati)

i. mṛgaiḥ aśvaiḥ ca saha gajaḥ vasati
(mṛgair aśvaiś ca saha gajo vasati)

j. kutra tiṣṭhāmaḥ
(kutra tiṣṭhāmaḥ)

07 다음 문장을 산스크리트로 번역하라.

a. 왕은 두 명의 소년과 함께 그 곳에 살고 있다.

b. 당신은 코끼리들과 함께 어디로 가는가?

c. 사람은 말을 위해 그 곳으로 간다.

d. 소년은 왕을 기억하지 못한다.

e. 나는 왕에게 두 마리의 코끼리에 대하여 말하고 있다.

f. 왕은 아들을 위해 말이 있는 곳으로 간다.

g. 우리는 어디에 서 있는가?

h. 사람은 소년에게 말에 대하여 묻고 있다.

i. 라마는 사람을 위하여 그 곳으로 간다.

j. 사슴들은 모두 어디에 있는가?

요약 정리

동사

	단수	양수	복수
3인칭	gacchati	gacchataḥ	gacchanti
	그는 간다	그들 둘은 간다	그들 모두가 간다
2인칭	gacchasi	gacchathaḥ	gacchatha
	너는 간다	너희 둘은 간다	너희 모두가 간다
1인칭	gacchāmi	gacchāvaḥ	gacchāmaḥ
	나는 간다	우리 둘은 간다	우리 모두가 간다

√gam	gacchati	그는 간다
√prach	pṛcchati	그는 묻는다
√bhū	bhavati	그는 있다
√vad	vadati	그는 말한다
√vas	vasati	그는 산다
√sthā	tiṣṭhati	그는 선다
√smṛ	smarati	그는 기억한다

명사

	단수	양수	복수
주격	naraḥ	narau	narāḥ
목적격	naram	narau	narān
구격	nareṇa*	narābhyām	naraiḥ
여격	narāya	narābhyām	narebhyaḥ

* gajena, bālena(144-145페이지 참조)

aśvaḥ	말
gajaḥ	코끼리
naraḥ	사람
nṛpaḥ	왕
putraḥ	아들
mṛgaḥ	사슴
rāmaḥ	라마
vīraḥ	영웅

불변화사

kutra	어디
ca	그리고
tatra	거기
na	부정사
vā	혹은
saha	함께, 같이(구격과 함께 사용)

6 과

문자　자음에 a 이외의 모음을 붙이는 법

문법　탈격과 속격

iti의 용법

어휘　단모음 a로 끝나는 명사

문자

모음 부호 붙이는 법

01 단어는 문자를 결합하여 만들어진다. 지금까지 배운 모음 문자들은 단어 중에 첫 글자일 때만 사용된다. 예를 들어,

एक eka

02 모음 a를 동반하지 않은 자음을 나타낼 경우는 그 아래 짧은 사선(virāma)을 긋는다. 예를 들어,

क	ka	प	pa
क्	k	प्	p

03 모음이 자음 다음에 올 때 그 모음은 생략형으로 표기된다. a 모음은 다른 모음으로 대치된다. 다음은 모음의 생략형이다.

ga	ग	gā	गा
gi	गि	gī	गी
gu	गु	gū	गू
gṛ	गृ	gṝ	गॄ
ge	गे	gai	गै
go	गो	gau	गौ

04 i를 표시하는 모음 기호는 자음 앞에 쓴다. 손으로 쓸 때 위의 곡선은 자음의 수직선 끝까지 오도록 해야 한다.

05 모음 기호들은 반모음, 치찰음, 기음을 포함한 모든 자음 뒤에 올 수 있다. 예를 들면,

च	चा	चि	ची	चु	चू	चृ	चॄ	चे	चै	चो	चौ
ca	cā	ci	cī	cu	cū	cṛ	cṝ	ce	cai	co	cau
ज	जा	जि	जी	जु	जू	जृ	जॄ	जे	जै	जो	जौ
ja	jā	ji	jī	ju	jū	jṛ	jṝ	je	jai	jo	jau

06 특정한 자음에는 모음 부호들이 다른 위치에 올 수도 있다. 예를 들어,

ru는 रु

rū는 रू

hṛ는 हृ

이들에 대해서는 제7과에서 더 자세히 배울 것이다.

07 다음은 문자를 결합하여 단어를 만들어 본 예이다.

गज	वीर	वसति
gaja	vīra	vasati

문법

01 이 과에서는 탈격(pañcamī)과 속격(ṣaṣṭhī)을 배운다.

탈격과 속격

02 탈격은 기원과 원천을 나타내기 위해 사용한다. 탈격은 대부분 '~으로부터' 라는 뜻을 가진다. 또한 비교를 나타내기 위해서도 사용한다. 예를 들어,

gajāt āgacchati
(gajād āgacchati)
그는 코끼리로부터 온다.
(탈격)

사람은 실천으로부터 배운다. (탈격)

그는 그 여자보다 키가 크다 (탈격)

03 속격은 소유를 나타낸다. 예를 들어,

narasya aśvaḥ
(narasyāśvaḥ)
사람의 말
(속격)

04 속격은 항상 그 다음에 오는 명사와 관련하여 사용된다. 예를 들어,

rāmasya putraḥ	amṛtasya putrāḥ
(rāmasya putraḥ)	(amṛtasya putrāḥ)
라마의 아들	불사의 아들들

05 속격은 가끔 여격, 구격, 탈격 처격 등 다른 격의 대용어로 쓰일 때도 있다.

06 탈격과 속격의 형성

어간 : nara(남성명사), 사람

	단수	양수	복수
탈격	narāt	narābhyām	narebhyaḥ
속격	narasya	narayoḥ	narāṇām*

* gajānām, bālānām(5과 참조)

iti **07** 이 과에서는 또 iti 용법에 대해 배운다. 이 중요한 소사는 인용문의 끝에 사용된다. 예를 들어,

aśvaḥ gacchati iti rāmaḥ vadati
(aśvo gacchatīti rāmo vadati)
"말이 간다"고 라마는 말한다.

iti는 문장을 짧고 다루기 쉽도록 만드는 편리한 포인트이다.

08 한국어를 산스크리트로 바꿀 때는 반드시 간접 인용문을 직접 인용문으로 바꾼 후 iti를 그 뒤에 붙여야 한다. 예를 들어,

그는 간다고 말한다(간접 인용문)
"나는 간다"고 그는 말한다(직접 인용문)
gacchāmi iti vadati
(gacchāmīti vadati)

간접 인용문에서 직접 인용문으로 바꾼다는 것은 '그는 가고 있다'는 문장을 '나는 가고 있다'는 문장으로 바꾸는 것이다.

어휘

산스크리트		한국어
atra	(불변화사)	여기, 이 곳
ā+√gam	(어근) āgacchati*	그는 온다
iti	(불변화사)	~라고(인용문의 끝을 가리킨다)
grāmaḥ	(남성명사)	마을

ā는 동사 접두어이다. ā는 gacchati에 접속하여 '그는 간다'라는 뜻에서 '그는 온다'라는 뜻으로 변화시킨다.

연습문제

01 자음에 접속하는 모음기호의 데바나가리를 익히고 쓰라.

02 탈격과 속격의 형태를 익히라.

03 다음 단어들을 데바나가리로 쓰라.

a.	iti	g.	bhavāvaḥ	m.	ṛṣi
b.	nara	h.	vadasi	n.	devatā
c.	rāma	i.	nṛpa	o.	guṇa
d.	gaja	j.	na	p.	jaya
e.	vīra	k.	vā	q.	guru
f.	vasati	l.	ca	r.	deva

04 다음 문장을 한국어로 번역하라. 그리고 각 문장을 큰 소리로 여러 번 읽으라.

a. bālasya gajaḥ grāmam gacchati
(bālasya gajo grāmaṃ gacchati)

b. rāmasya putraḥ aśvam gacchati
(rāmasya putro 'śvaṃ gacchati)

c. atra aśvaḥ bhavati iti nṛpaḥ vadati
(atrāśvo bhavatīti nṛpo vadati)

d. grāmāt putraḥ āgacchati
(grāmāt putra āgacchati)

e. kutra gajāḥ tiṣṭhanti iti nṛpaḥ pṛcchati
(kutra gajās tiṣṭhantīti nṛpaḥ pṛcchati)

f. bālaḥ nṛpasya grāmam gacchati
(bālo nṛpasya grāmaṃ gacchati)

g. atra vīrāḥ vasanti iti narāḥ vadanti
(atra vīrā vasantīti narā vadanti)

h. kutra gacchasi iti rāmaḥ pṛcchati
(kutra gacchasīti rāmaḥ pṛcchati)

05 다음 문장을 산스크리트로 번역하라.

a. "나는 여기에 산다" 아들은 말한다.

b. 말들과 코끼리들이 마을로부터 오고 있다.

c. "너는 사람들을 기억하느냐?" 왕은 소년에게 묻는다.

d. 라마는 자기가 마을로 간다고 말한다.

e. "나는 소년을 위해 마을로 가고 있다" 라마는 말한다.

f. 영웅은 어디로 가는가?

g. "영웅은 마을로 간다" 왕은 말한다.

h. 왕의 아들은 여기에 산다.

i. 왕의 아들들이 마을로부터 온다.

j. 사람은 라마에게 코끼리들에 관해서 말한다.

06 다음 문장을 한국어로 번역하라.

a. narau grāmāt āgacchataḥ
(narau grāmād āgacchataḥ)

b. atra bhavāmi iti bālaḥ nṛpam vadati
(atra bhavāmīti bālo nṛpaṃ vadati)

c. kutra vasati iti vīraḥ putram pṛcchati
(kutra vasatīti vīraḥ putraṃ pṛcchati)

d. rāmeṇa saha atra vasāmi iti putraḥ vadati
(rāmeṇa sahātra vasāmīti putro vadati)

e. narasya putrāḥ tatra tiṣṭhanti
(narasya putrās tatra tiṣṭhanti)

f. atra vīrasya gajaḥ bhavati
(atra vīrasya gajo bhavati)

g. rāmam smarasi iti bālāḥ naram pṛcchanti
(rāmaṃ smarasīti bālā naraṃ pṛcchanti)

h. kutra grāmaḥ bhavati iti naraḥ putram pṛcchati
(kutra grāmo bhavatīti naraḥ putraṃ pṛcchati)

i. grāmaḥ tatra bhavati iti putraḥ naram vadati
(grāmas tatra bhavatīti putro naraṃ vadati)

j. gajāya grāmam gacchāmi iti naraḥ vadati
(gajāya grāmaṃ gacchāmīti naro vadati)

07 다음 문장을 산스크리트로 번역하라.

a. "너는 어디로 가고 있느냐?" 왕은 소년에게 묻는다.

b. "나는 말에게 간다" 소년은 말한다.

c. 마을들의 왕이 사람들에게 말한다.

d. 두 소년이 말과 코끼리로부터 오고 있다.

e. 소년은 라마와 함께 산다.

f. “여기에 라마의 아들들이 있다” 영웅은 말한다.

g. 소년들이 거기에 서 있다고 왕은 말한다.

h. “나는 마을로 간다” 영웅의 아들은 말한다.

i. 말 두 마리가 사슴 두 마리와 함께 여기로 오고 있다.

j. 왕의 말 두 마리가 거기에 있다.

요약 정리

	단수	양수	복수
3인칭	gacchati 그는 간다	gacchataḥ 그들 둘은 간다	gacchanti 그들 모두가 간다
2인칭	gacchasi 너는 간다	gacchathaḥ 너희 둘은 간다	gacchatha 너희 모두가 간다
1인칭	gacchāmi 나는 간다	gacchāvaḥ 우리 둘은 간다	gacchāmaḥ 우리 모두가 간다

동사

ā + √gam	āgacchati	그는 온다
√gam	gacchati	그는 간다
√prach	pṛcchati	그는 묻는다
√bhū	bhavati	그는 있다
√vad	vadati	그는 말한다
√vas	vasati	그는 산다
√sthā	tiṣṭhati	그는 선다
√smṛ	smarati	그는 기억한다

명사

	단수	양수	복수
주격	naraḥ	narau	narāḥ
목적격	naram	narau	narān
구격	nareṇa*	narābhyām	naraiḥ
여격	narāya	narābhyām	narebhyaḥ
탈격	narāt	narābhyām	narebhyaḥ
속격	narasya	narayoḥ	narāṇām*

*gajena, gajānām(144-145페이지 참조)

aśvaḥ	말
gajaḥ	코끼리
grāmaḥ	마을
naraḥ	사람
nṛpaḥ	왕
putraḥ	아들
bālaḥ	소년
mṛgaḥ	사슴
rāmaḥ	라마
vīraḥ	영웅

불변화사

atra	여기
iti	인용의 끝을 나타냄
kutra	어디
ca	그리고
tatra	거기
na	부정사
vā	혹은
saha	함께, 같이(구격과 함께 사용)

7 과

문자　결합자음

문법　처격과 호격

어휘　단모음 a로 끝나는 명사

문자

결합자음

01 이 과에서는 자음과 자음 사이에 a 모음 없이 둘 이상의 자음을 결합하여 쓰는 법을 배울 것이다. tva를 쓰기 위해서는 t의 세로선을 지운다. 예를 들어,

tava	तव	tva	त्व

02 다음은 다른 결합자음의 예이다.

tma	त्म	ṣya	ष्य
sya	स्य	tya	त्य
bhya	भ्य	nta	न्त
nti	न्ति	ṣṭa	ष्ट

03 몇몇 자음은 상하로 결합한다.

dva	द्व	dda	द्द
ṅga	ङ्ग	ddho	द्धो

04 결합된 자음은 왼쪽에서 오른쪽, 그리고 위에서 아래로 읽으면 된다. 결합자음은, 계속해서 연습하면서 어떻게 이루어져 있는 지를 세밀하게 관찰함으로써 더 쉽게 익힐 수 있다.

05 반모음 r가 다른 자음 바로 앞에 올 때 그 r는 자음 위에 작은 고리 모양으로 나타난다.

rpa	र्प	rmya	र्म्य
ryā	र्या	rgo	र्गो

r는 가능한 한 오른쪽에 위치하는 것에 주의해야 한다.

06 r가 자음 바로 다음에 올 때, 앞에 오는 자음이 수직선을 가지고 있다면 r는 수직선 밑부분에서 짧은 사선 형태(오른쪽 위에서 왼쪽 아래로)를 취한다.

pra	प्र	bra	ब्र
sra	स्र	gra	ग्र
mra	म्र	dra	द्र

07 어떤 결합 자음은 지금까지 본 것과는 전혀 다른 형태를 취하는 것도 있다.

tra	त्र	jña	ज्ञ
ddhya	द्ध्य	śva	श्व
dya	द्य	kta	क्त
tta	त्त	kṣa	क्ष
hma	ह्म	kra	क्र
hṇa	ह्ण	hva	ह्व

’는 모음 a의 탈락을 나타낸다. 데바나가리로는 ऽ처럼 쓴다.

वेदो ऽहम्　vedo ’ham

08 문장 끝에 있는 수직선(daṇḍa)은 마침표와 같은 역할을 한다. 또한 게송의 절반을 나타내기도 한다. 두 개의 수직선은 한 문단이나 게송의 끝을 표시한다.

रामो गच्छति ।

09 몇몇 문자의 다른 표기법

a	अ	혹은	अ
ā	आ	혹은	आ
ṛ	ऋ	혹은	ऋ
ṝ	ॠ	혹은	ॠ
jha	झ	혹은	झ
ṇa	ण	혹은	ण

문법

처격과 호격

01 이 과에서는 처격(saptamī)과 호격(saṃbodhana : 깨움, 부름)을 배운다.

02 처격은 장소를 나타낸다.

grāme vasati	gaje tiṣṭhati
그는 마을에 산다	그는 코끼리 위에 서있다
(처격)	(처격)

03 호격은 부르는데 사용된다. 호격은 대체로 문장의 첫머리에 위치한다.

rāma atra āgacchasi
(rāma atrāgacchasi)
오 라마여! 그대는 여기로 옵니다.

인도 문법가들은 호격에 대해 주격을 비롯한 앞의 일곱 격과 같은 참된 격(vibhakti)이 아닌 주격의 변형으로 간주한다.

04 처격과 호격의 형성

어간 nara(남성명사), 사람

	단수	양수	복수
처격	nare	narayoḥ	nareṣu
호격	nara	narau	narāḥ

05 동사와 마찬가지로 명사도 몇가지 기준으로 분류된다.

성(liṅga)	남성(puṃ-liṅga)	(musculine,	m.)
	여성(strī-liṅga)	(feminine,	f)
	중성(napuṃsaka-liṅga)	(neuter,	n)
격(vibhakti)			
	주격(prathamā)	(nominative,	No.)
	목적격(dvitīyā)	(accusative,	Ac.)
	구격(tṛtiyā)	(instrumental,	Ins.)
	여격(caturthī)	(dative,	Da.)
	탈격(pañcamī)	(ablative,	Ab.)
	속격(ṣaṣṭhī)	(genitive,	Ge.)
	처격(saptamī)	(locative,	Lo.)
	호격(saṃbodhana)	(vocative,	Vo.)
수(vacana)			
	단수(eka-vacana)	(singular,	sg.)
	양수(dvi-vacana)	(dual,	du.)
	복수(bahu-vacana)	(plural,	pl.)

06 naraḥ는 위 분류 기준에 따라 분류하면 남성, 주격, 단수가 된다. narān은 남성, 목적격, 복수로 분류할 수 있다.

07 다음은 단모음 a로 끝난 남성명사의 완전한 곡용이다.

어간 nara(m.) 사람

	단수	양수	복수
주격	नरः naraḥ	नरौ narau	नराः narāḥ
목적격	नरम् naram	नरौ narau	नरान् narān
구격	नरेण nareṇa	नराभ्याम् narābhyām	नरैः naraiḥ
여격	नराय narāya	नराभ्याम् narābhyām	नरेभ्यः narebhyaḥ
탈격	नरात् narāt	नराभ्याम् narābhyām	नरेभ्यः narebhyaḥ
속격	नरस्य narasya	नरयोः narayoḥ	नराणाम् narāṇām
처격	नरे nare	नरयोः narayoḥ	नरेषु nareṣu
호격	नर nara	नरौ narau	नराः narāḥ

어휘

산스크리트		한국어
आचार्यः	ācāryaḥ(m.)	선생
चन्द्रः	candraḥ(m.)	달
चिन्त्	√cint(10),cintayati	그는 생각한다
पश्	√paś(4), paśyati	그는 본다
	(√dṛś도 어근으로 간주된다)	
विना	vinā(ind.)	~없이(saha와 같은 용법임)
शिष्यः	śiṣyaḥ(m.)	학생
सूर्यः	sūryaḥ(m.)	태양

연습문제

01 다음 결합 자음을 로마자로 전사하라.

a. पुराण	e. गच्छति	i. अश्व
b. गन्धर्व	f. चन्द्र	j. पुत्रस्य
c. छन्दः	g. ज्योतिष	k. शिष्यः
d. व्याकरण	h. कल्प	l. तिष्ठन्ति

02 처격과 호격의 형태를 익히라.

03 다음 단어들을 성수격에 따라 분류하고 뜻을 익히라.

a.	narāḥ	f.	mṛgeṇa
b.	hastau	g.	gajaiḥ
c.	bālānām	h.	vīrān
d.	nṛpāt	i.	grāmeṣu
e.	rāmāya	j.	ācāryāya

04 다음 문장을 한국어로 번역하라. 데바나가리를 가리고 스스로 데바나가리로 써본 다음 비교해보라.

a. शिष्यः चन्द्रम् सूर्यम् च पश्यति ।

śiṣyaḥ candram sūryam ca paśyati
(śiṣyaś candraṃ sūryaṃ ca paśyati)

b. राम गजाः ग्रामे तिष्ठन्ति ।

rāma gajāḥ grāme tiṣṭhanti
(rāma gajā grāme tiṣṭhanti)

c. वीरः ग्रामे वसति इति आचार्यः शिष्यम् वदति ।

vīraḥ grāme vasati iti ācāryaḥ śiṣyam vadati
(vīro grāme vasatīti ācāryaḥ śiṣyaṃ vadati)

d. कुत्र चन्द्रः भवति इति पुत्रः पृच्छति ।

kutra candraḥ bhavati iti putraḥ pṛcchati
(kutra candro bhavatīti putraḥ pṛcchati)

e. तत्र गजे बालौ तिष्ठतः ।

tatra gaje bālau tiṣṭhataḥ
(tatra gaje bālau tiṣṭhataḥ)

f. पुत्र कुत्र चन्द्रः भवति इति वीरः बालम् पृच्छति ।

putra kutra candraḥ bhavati iti vīraḥ bālam pṛcchati
(putra kutra candro bhavatīti vīro bālaṃ pṛcchati)

g. आचार्यस्य शिष्यः तिष्ठति वदति च ।

ācāryasya śiṣyaḥ tiṣṭhati vadati ca
(ācāryasya śiṣyas tiṣṭhati vadati ca)

h. रामेण विना वीराः ग्रामात् आगच्छन्ति ।

rāmeṇa vinā vīrāḥ grāmāt āgacchanti
(rāmeṇa vinā vīro grāmād āgacchanti)

i. ग्रामे वसामि इति वीरस्य बालः चिन्तयति ।

grāme vasāmi iti vīrasya bālaḥ cintayati
(grāme vasāmīti vīrasya bālaś cintayati)

05 다음 문장을 산스크리트로 번역하라.

a. 소년들이 마을로 가고 있다고 왕은 영웅에게 말한다.

b. 소년들은 왕이 없이 온다.

c. 영웅의 손에 아들이 있다.

d. "나는 어디에 있는가?" 소년은 생각한다.

e. 그는 사람들이 어디에 있는지 영웅의 아들에게 묻는다.

f. 선생이 학생에게 태양은 달이 아니라고 말한다.

g. 왕은 마을에 산다.

h. 거기에 왕의 코끼리들이 있다.

06 다음 문장을 한국어로 번역하라.

a. रामेण विना बालः ग्रामम् गच्छति ।
rāmeṇa vinā bālaḥ grāmam gacchati
(rāmeṇa vinā bālo grāmaṃ gacchati)

b. कुत्र नृपस्य गजाः भवन्ति ।
kutra nṛpasya gajāḥ bhavanti
(kutra nṛpasya gajā bhavanti)

c. अत्र भवामि इति बालः नरम् वदति ।

atra bhavāmi iti bālaḥ naram vadati
(atra bhavāmīti bālo naraṃ vadati)

d. सूर्येण विना चन्द्रम् न पश्यसि ।

sūryeṇa vinā candram na paśyasi
(sūryeṇa vinā candraṃ na paśyasi)

e. आचार्यः शिष्यान् वदति ।

ācāryaḥ śiṣyān vadati
(ācāryaḥ śiṣyān vadati)

f. चन्द्रम् पश्यामि इति बालः चिन्तयति ।

candram paśyāmi iti bālaḥ cintayati
(candraṃ paśyāmīti bālaś cintayati)

g. अत्र ग्रामाणाम् नृपः आगच्छति ।

atra grāmāṇām nṛpaḥ āgacchati
(atra grāmāṇāṃ nṛpa āgacchati)

h. नृपः वीरस्य अश्वम् पश्यति ।

nṛpaḥ vīrasya aśvam paśyati
(nṛpo vīrasyāśvaṃ paśyati)

i. कुत्र सूर्यः चन्द्रः च भवतः इति बालः पृच्छति ।

kutra sūryaḥ candraḥ ca bhavataḥ iti bālaḥ pṛcchati
(kutra sūryaś candraś ca bhavata iti bālaḥ pṛcchati)

j. शिष्याः नरम् न स्मरन्ति ।

śiṣyāḥ naram na smaranti
(śiṣyā naraṃ na smaranti)

07 다음 문장을 산스크리트로 번역하라
(처음에 로마자로 쓴 다음 데바나가리로 써라).

a. "너는 어디 가니?" 소년이 왕의 아들에게 묻는다.

b. 사슴 두 마리가 마을에 있다.

c. 선생이 영웅의 아들에게 말한다.

d. 왕이 태양과 달을 본다.

e. 태양이 없이는 우리는 달을 보지 못한다.

f. 영웅이 왕의 코끼리 위에 있다.

g. "우리는 여러 마을에 산다" 소년들이 말한다.

h. 라마는 말들이 있는 곳에서 코끼리들이 있는 곳으로 간다.

i. "우리는 어디로 가고 있습니까?" 소년은 왕에게 묻는다.

j. 선생은 학생들과 함께 마을에 산다.

08 다음 단어들을 로마자로 전사하라.

1. ऋषि
2. आसन
3. अहंकार
4. गुण
5. ज्ञान
6. कुरुक्षेत्र
7. कर्म
8. ध्यान
9. दर्शन
10. दुःख
11. वेद
12. चित्त
13. चित्तवृत्ति
14. अविद्या
15. अव्यक्त
16. धारणा
17. आत्मन्
18. आनन्द
19. अष्टाङ्गयोग
20. तत्त्वमसि
21. नामरूप
22. उपनिषद्
23. नित्य
24. धर्म

요약 정리

	단수	양수	복수
3인칭	gacchati	gacchataḥ	gacchanti
	그는 간다	그들 둘은 간다	그들 모두가 간다
2인칭	gacchasi	gacchathaḥ	gacchatha
	너는 간다	너희 둘은 간다	너희 모두가 간다
1인칭	gacchāmi	gacchāvaḥ	gacchāmaḥ
	나는 간다	우리 둘은 간다	우리 모두가 간다

동사

ā + √gam	āgacchati	그는 온다
√gam	gacchati	그는 간다
√cint	cintayati	그는 생각한다
√paś(√dṛś)	paśyati	그는 본다
√prach	pṛcchati	그는 묻는다
√bhū	bhavati	그는 있다
√vad	vadati	그는 말한다
√vas	vasati	그는 산다
√sthā	tiṣṭhati	그는 선다
√smṛ	smarati	그는 기억한다

명사

	단수	양수	복수
주격	naraḥ	narau	narāḥ
목적격	naram	narau	narān
구격	nareṇa*	narābhyām	naraiḥ
여격	narāya	narābhyām	narebhyaḥ
탈격	narāt	narābhyām	narebhyaḥ
속격	narasya	narayoḥ	narāṇām*
처격	nare	narayoḥ	nareṣu
호격	nara	narau	narāḥ

* gajena, gajānām(144-145페이지 참조)

aśvaḥ	말
ācāryaḥ	선생
gajaḥ	코끼리
grāmaḥ	마을
candraḥ	달
naraḥ	사람
nṛpaḥ	왕
putraḥ	아들
bālaḥ	소년
mṛgaḥ	사슴
rāmaḥ	라마
vīraḥ	영웅
śiṣyaḥ	학생
sūryaḥ	해
hastaḥ	손

불변화사

atra	여기
iti	인용의 끝을 나타냄
kutra	어디
ca	그리고
tatra	거기
na	부정사
vā	혹은
vinā	동반하지 않고(saha와 같은 용법)
saha	함께, 같이

8 과

문자 모음 연성법

문법 단모음 a로 끝나는 중성명사의 곡용

어휘 단모음 a로 끝나는 중성명사

문자

모음연성

01 sandhi란 조합 또는 접합점 등을 뜻한다. 연성법칙은 발음을 원활하게 하기 위한 것이다. 파니니(Pānini, 1, 4, 109)도 역시 이들 접합점을 saṃhitā(근접성)라고 지적하고 있다. 연성법에는 두 가지가 있다.

a. 외연성법 : 단어와 단어가 결합할 때 변화
b. 내연성법 : 한 단어 안에서 일어나는 변화

02 연성법은 언어의 흐름을 부드럽게 하기 위한 음성 변화를 포함한다. 제2과에서 언급했듯이 an apple은 a apple보다 발음하기가 더 부드럽다. the house는 the other house와는 다르게 발음한다. 이들은 외연성법의 실례들이다. 연성법은 원래 산스크리트가 구어 전통을 가지고 있고, 산스크리트에 대한 문법적 통찰이 매우 정교하고 복잡했기 때문에 존재한다(sandhi라는 개념은 현대 언어학자들에 의해서도, 모든 언어에서 단어들 사이의 음운 변화를 묘사하기 위해 채택되었다).

03 연성법에 기가 죽을 필요는 없다. 연성법에는 익혀야 할 많은 규칙이 있지만, 연습을 통해 점차 그 법칙에 친숙해 질 것이다. 우리는 도표를 이용해서 외연성부터 공부하기 시작할 것이다. 그 다음 몇 번에 걸쳐 그 법칙을 사용해 보면 그것은 자연히 기억될 것이다. 외연성법은 세 그룹으로 나누어지므로 세 개의 도표가 있다. 세 그룹이란 모음 연성법, 어말 ḥ 연성법, 자음 연성법 등이다.

a. 모음연성법(svara-sandhi)은 제8과에서 배우고,
b. 어말 ḥ 연성법(visarga-sandhi)은 제9과에서 배우며,
c. 자음연성법(hal-sandhi)은 제10과에서 배울 것이다.

04 다음 도표는 앞 단어가 모음으로 끝나고 뒷 단어가 모음으로 시작할 때 일어날 수 있는 경우를 나타낸 것이다. 예를 들어 만약 앞 단어가 단모음 i로 끝나고 다음 단어가 a로 시작한다면 그때 두 모음은 결합하여 ya가 된다.

गच्छति + अश्वम् 은 गच्छत्यश्वम् 으로 변화한다.

gacchati + aśvam 은 gacchatyaśvam 으로 변화한다.

एव + अवशिष्यते = एवावशिष्यते

eva + avaśiṣyate evāvaśiṣyate

ब्रह्म + अस्मि = ब्रह्मास्मि

brahma + asmi brahmāsmi

भव + अर्जुन = भवार्जुन

bhava + arjuna bhavārjuna

05 다음 도표는 앞 단어가 모음으로 끝나고(표 위에 있는 모음), 뒷 단어가 모음(표 오른쪽 세로에 있는 모음)으로 시작할 때 연성을 나타낸 것이다.

06 이 도표를 기억할 필요는 없다. 지금은 연습문제를 푸는 데 사용하고, 그 규칙은 변화의 패턴이 좀더 명확해 질 때 기억될 것이기 때문이다.

모음 연성

앞 단어 끝 모음							뒷 단어 첫 모음
a/ā	i/ī	u/ū	ṛ	e	ai	au	
ā	ya	va	ra	e '	ā a	āva	a
ā	yā	vā	rā	a ā	ā ā	āvā	ā
e	ī	vi	ri	a i	ā i	āvi	i
e	ī	vī	rī	a ī	ā ī	āvī	ī
o	yu	ū	ru	a u	ā u	āvu	u
o	yū	ū	rū	a ū	ā ū	āvū	ū
ar	yṛ	vṛ	ṝ	a ṛ	ā ṛ	āvṛ	ṛ
ai	ye	ve	re	a e	ā e	āve	e
ai	yai	vai	rai	a ai	ā ai	āvai	ai
au	yo	vo	ro	a o	ā o	āvo	o
au	yau	vau	rau	a au	ā au	āvau	au

07 다음은 몇 가지 예이다.

i + ū = yū
ṛ + i = ri
i + u = yu

गच्छति + इति = गच्छतीति
gacchati + iti gacchatīti

08 ’는 a가 탈락된 것을 나타낸다. 이것을 ‘분리’라는 뜻의 아바그라하(avagraha)라 부른다. 데바나가리로는 다음과 같이 표기한다.

ऽ

ग्रामे + अत्र = ग्रामेऽत्र
grāme + atra grāme ’tra

09 한번 연성법이 적용된 뒤에는 더 이상 다시 적용되지 않는다. 연성법은 한 번만 적용된다.

10 이 책에서는 데바나가리를 로마자로 전사할 때 항상 단어별로 띄어쓴다. 다만 단어 사이의 두 모음이 결합하여 i + i = ī 와 같이 장모음이 된 경우는 제외한다. 데바나가리에서는 모음 연성법을 포함하는 단어는 붙여쓴다. 다만 표에서 보는 것처럼 모음들 사이에 충돌(hiatus)이 있을 때는 제외한다. 더 많은 연성법을 배우기 전까지는 다른 모든 단어들은 띄어쓸 것이다. 예를 들면,

गच्छति + इति = गच्छतीति
gacchati + iti gacchatīti

गच्छति + अश्वम् = गच्छत्यश्वम्

gacchati + aśvam gacchaty aśvam

11 모음연성법에서 자신과 상응하는 반모음을 가진 모음은 종종 반모음으로 변한다. 예컨대 i는 y로 된다. 파니니는 상응하는 반모음에서 모음으로 변화하는 것을 samprasāraṇa(확장, 연장)라고 불렀다. 반모음이 확장하여 모음을 만들기 때문이다.

	모음	반모음
구개음	i ī	y
권설음	ṛ ṝ	r
치음	ḷ	l
순음	u ū	v

12 어떤 모음들(pragṛhya)은 연성법의 적용을 받지 않는다.

a. 모음 i, u, e 등의 모음들이 양수 어미일 경우.
b. 감탄사의 마지막 모음일 때. ex) rāma āgcchanti(라마여! 그들이 온다)

13 이 과에서 배운 연성법은 제13과에 다시 설명된다. 그곳에서 규칙을 외우면 된다.

문법

01 우리가 지금까지 배운 명사들은 모두 남성명사였다. 이 과에서는 단모음 a로 끝나는 중성명사의 곡용을 배운다.

중성명사

02 다음은 단모음 a로 끝나는 중성명사 곡용이다.

어간 : phala(n.) 과일

	단수	양수	복수
주격	फलम् phalam	फले phale	फलानि phalāni
목적격	फलम् phalam	फले phale	फलानि phalāni
구격	फलेन phalena	फलाभ्याम् phalābhyām	फलैः phalaiḥ
여격	फलाय phalāya	फलाभ्याम् phalābhyām	फलेभ्यः phalebhyaḥ
탈격	फलात् phalāt	फलाभ्याम् phalābhyām	फलेभ्यः phalebhyaḥ
속격	फलस्य phalasya	फलयोः phalayoḥ	फलानाम् phalānām
처격	फले phale	फलयोः phalayoḥ	फलेषु phaleṣu
호격	फल phala	फले phale	फलानि phalāni

어휘

산스크리트		한국어
अमृतम्	amṛtam (n.)	불사, 감로
कथम्	katham (ind.)	어떻게(kutra와 같은 용법)
ज्ञानम्	jñānam (n.)	지식
पठ्	√paṭh (어근) paṭhati	그는 읽는다
पुस्तकम्	pustakam (n.)	책
फलम्	phalam (n.)	과일
वनम्	vanam (n.)	숲
शास्त्रम्	śāstram (n.)	논서
सत्यम्	satyam (n.)	진리
सूक्तम्	sūktam (n.)	찬가

중성명사도 역시 주격단수형으로 표시한다는 것에 유의하라. 예를 들어 amṛta(어간 형태)는 amṛtam(주격 단수형)으로 나타난다. 중성명사의 곡용은 주격, 목적격, 호격을 제외하고는 남성명사의 곡용과 동일하다.

연습문제

01 우리는 앞에서 ṛ와 r 다음에 n은 ṇ으로 변한다고 배웠다. 그러나 예외적으로 ṛ, r와 n사이에 t가 오면 n는 ṇ로 바뀌지 않는다. t가 혀의 위치를 변화시키기 때문이다. 그러므로 예를 들어 amṛtāni, amṛtena, amṛtānām과 같은 경우는 n가 ṇ로 바뀌지 않고 śāstrāṇi, śāstreṇa, śāstrāṇām 등은 n가 ṇ로 바뀌는 것이다. 이에 대해서는 제11과에서 더 자세히 배울 것이다.

02 다음 단어를 올바른 연성법을 적용하여 결합시키고, 최종 형태를 데바나가리로 쓰라.

a. putreṇa atra

b. saha ācāryaḥ

c. tatra iti

d. iti atra

e. iti ācāryaḥ

f. devau āgacchataḥ

g. nare atra

h. vane iti

i. phalāni iti

j. smarati atra

03 다음을 로마자로 전사하고 연성법을 지적하라.

a. गच्छतीति

f. नृपस्याश्वः

b.	गजावागच्छति	g.	अश्वेऽत्र
c.	पृच्छत्यागच्छति च	h.	कुत्राश्वः
d.	गच्छामीति	i.	कुत्रेति
e.	हस्त इति	j.	गच्छत्यत्र

04 다음 연습문제에서 주어와 술어 주격(보어)은 주격으로 나타난다. 둘다 동일한 주어를 가리키기 때문이다. 예를 들어,

rāmaḥ putraḥ bhavati
(rāmaḥ putro bhavati) 라마는 아들이다.
우리 교재에서는 술어 주격은 대체로 주어 뒤에 위치한다. 다른 어순은 동일하다(5b, c; 6a, f, g.).

05 다음 문장을 로마자를 가리고 로마자로 전사하라. 다음으로 데바나가리를 가리고 로마자로 옮긴 문장을 데바나가리로 쓰라. 다음으로 연성법을 지적하라. 연성법은 지금까지 배운 것만 적용되어 있다. 다시 말하면 앞 단어가 모음으로 끝나고 뒷 단어가 모음으로 시작할 경우이다. 마지막으로 한국어로 번역하라.

a. रामः ग्रमात् वनम् गच्छति ।
rāmaḥ grāmāt vanam gacchati
(rāmo grāmād vanaṃ gacchati)

b. अमृतम् ज्ञानस्य फलम् भवति ।
amṛtam jñānasya phalam bhavati
(amṛtaṃ jñānasya phalaṃ bhavati)

c. ज्ञानम् सत्यम् भवतीति बालाः शास्त्रे पठन्ति ।
jñānam satyam bhavatīti bālāḥ śāstre paṭhanti
(jñānaṃ satyaṃ bhavatīti bālāḥ śāstre paṭhanti)

d. अमृतस्य पुत्राः भवथेत्याचार्यः शिष्यान् वदति ।
amṛtasya putrāḥ bhavathety ācāryaḥ śisyān vadati
(amṛtasya putrā bhavathety ācāryaḥ śiṣyān vadati)

e. कथम् आचार्याः सूक्तानि स्मरन्ति ।
katham ācāryāḥ sūktāni smaranti
(katham ācāryāḥ sūktāni smaranti)

f. शास्त्रेषु सत्यम् पश्यामीति रामः वदति ।
śāstreṣu satyam paśyāmīti rāmaḥ vadati
(śāstreṣu satyaṃ paśyāmīti rāmo vadati)

g. कुत्र सुक्तानाम् ज्ञानम् भवतीति वीरः पुत्रम् पृच्छति ।
kutra sūktānām jñānam bhavatīti vīraḥ putram pṛcchati
(kutra sūktānāṃ jñānaṃ bhavatīti vīraḥ putraṃ pṛcchati)

h. नृपः बालाय पुस्तकम् पठति ।
nṛpaḥ bālāya pustakam paṭhati
(nṛpo bālāya pustakaṃ paṭhati)

06 다음 문장들을 산스크리트로 번역하라. 단 처음에는 연성법을 적용하지 않고 쓰고, 그런 다음 모음 연성법을 적용하고 마지막으로 데바나가리로 쓰라.

a. 코끼리는 숲 속의 왕이 아니다.

b. 당신은 어떻게 달을 보는가?

c. "나는 사슴을 본다" 라마는 생각한다.

d. 열매는 소년의 두 손 안에 있다.

e. 어떻게 왕은 라마 없이 사는가?

f. 라마는 왕이다.

g. 왕이 라마이다.

h. 영웅은 불사의 마을에 산다.

07 다음 문장을 한국어로 번역하라. 먼저 로마자로 쓰고, 그 다음 모음 연성법을 지적하며, 마지막으로 한국어로 번역하라.

a. कथम् सूर्येण विना नराः नृपम् पश्यन्ति ।
(कथं सूर्येण विना नरा नृपं पश्यन्ति ।)

b. शिष्यानाम् आचार्यः पुस्तकम् पठति ।
(शिष्यानामाचार्यः पुस्तकम् पठति ।)

c. अत्र वने फलानि भवन्तीति बालः वीरम् वदति ।
(अत्र वने फलानि भवनतीति बालो वीरं वदति।)

d. मृगः वने वसति गजः च ग्रामे वसति ।
(मृगो वने वसति गजश्च ग्रामे वसति ।)

e. ज्ञानम् पुस्तके न भवतीत्याचार्यः वदति ।
(ज्ञानं पुस्तके न भवतीत्याचार्यो वदति ।)

f. पुस्तकेन विना शिष्यः ज्ञानम् स्मरति ।
(पुस्तकेन विना शिष्यो ज्ञानं स्मरति ।)

g. राम कुत्र मृगेण सह गच्छसीति पुत्रः पृचच्छति ।
(राम कुत्र मृगेण सह गच्छसीति पत्रः पृच्छति ।)

h. नरः बालाय पुस्तकम् पठति ।
(नरो बालाय पुस्तकं पठति ।)

08 다음 문장을 산스크리트로 번역하라. 모음연성법을 적용한 다음 데바나가리로 쓰라.

a. 그대는 어디서 불사의 지식을 읽는가?

b. 라마는 말들 없이 어떻게 그 숲에 가는가?

c. "찬가들은 책에 있다" 선생은 학생들에게 말한다.

d. 라마는 진리를 보고 말한다.

e. "나는 해와 달을 본다" 왕의 아들은 말한다.

f. 지식이 없이는 그곳에는 선생들이나 학생들은 없다.

g. 영웅은 소년들에게 불사에 대해 말한다.

h. 말들, 코끼리들 그리고 소년들이 마을로부터 온다.

09 다음을 로마자로 전사하라.

1. पुराण
2. राम
3. पुरुष

13. रामराज्य
14. रामायण
15. शिष्य

4. प्रकृति
5. प्रज्ञा
6. सीता
7. सुखम्
8. संयम
9. संसार
10. संस्कार
11. संस्कृत
12. सत्यम्
16. स्थितप्रज्ञ
17. भगवद्गीता
18. समाधि
19. योग
20. बुद्ध
21. महाभारत
22. प्रज्ञापराध
23. वेदान्त
24. वेदलीला

요약 정리

	단수	양수	복수
3인칭	gacchati 그는 간다	gacchataḥ 그들 둘은 간다	gacchanti 그들 모두가 간다
2인칭	gacchasi 너는 간다	gacchathaḥ 너희 둘은 간다	gacchatha 너희 모두가 간다
1인칭	gacchāmi 나는 간다	gacchāvaḥ 우리 둘은 간다	gacchāmaḥ 우리 모두가 간다

동사

ā + √gam	āgacchati	그는 온다
√gam	gacchati	그는 간다
√cint	cintayati	그는 생각한다
√paṭh	paṭhati	그는 읽는다
√paś(√dṛś)	paśyati	그는 본다
√prach	pṛcchati	그는 묻는다
√bhū	bhavati	그는 있다
√vad	vadati	그는 말한다
√vas	vasati	그는 산다
√sthā	tiṣṭhati	그는 선다
√smṛ	smarati	그는 기억한다

남성 명사

	단수	양수	복수
주격	naraḥ	narau	narāḥ
목적격	naram	narau	narān
구격	nareṇa*	narābhyām	naraiḥ
여격	narāya	narābhyām	narebhyaḥ
탈격	narāt	narābhyām	narebhyaḥ
속격	narasya	narayoḥ	narāṇām*
처격	nare	narayoḥ	nareṣu
호격	nara	narau	narāḥ

* gajena, gajānām(144-145페이지 참조)

aśvaḥ	말
ācāryaḥ	선생
gajaḥ	코끼리
grāmaḥ	마을
candraḥ	달
naraḥ	사람
nṛpaḥ	왕
putraḥ	아들
bālaḥ	소년
mṛgaḥ	사슴
rāmaḥ	라마
vīraḥ	영웅
śiṣyaḥ	학생
sūryaḥ	해
hastaḥ	손

중성 명사

	단수	양수	복수
주격	phalam	phale	phalāni*
목적격	phalam	phale	phalāni*
구격	phalena*	phalābhyām	phalaiḥ
여격	phalāya	phalābhyām	phalebhyaḥ
탈격	phalāt	phalābhyām	phalebhyaḥ
속격	phalasya	phalayoḥ	phalānām*
처격	phale	phalayoḥ	phaleṣu
호격	phala	phale	phalāni*

*śāstrāṇi, śāstreṇa, śāstrāṇām

amṛtam	불사, 감로
jñānam	지식

pustakam	책
phalam	과일
vanam	숲
śāstram	논서
satyam	진리
sūktam	찬가

불변화사

atra	여기
iti	인용의 끝을 나타냄
katham	어떻게
kutra	어디
ca	그리고
tatra	거기
na	부정사
vā	혹은
vinā	동반하지 않고
saha	함께, 같이

원숭이와 악어 이야기

1. तत्र गङ्गायाम् कुम्भीरः भवति ।
(तत्र गङ्गायां कुम्भीरो भवति ।)

2. वानरः तटे वसति ।
(वानरस्तटे वसति ।)

3. वानरः फलानि कुम्भीराय निक्षिपति ।
(वानरः फलानि कुम्भीराय निक्षिपति।)

4. कुम्भीरः फलानि खादति ।
(कुम्भीरः फलानि खादति ।)

5. भार्या वानरस्य हृदयम् इच्छति ।
(भार्या वानरस्य हृदयमिच्छति ।)

6. हृदयम् वृक्षे भवतीति वानरः वदति ।
(हृदयं वृक्षे भवतीति वानरो वदति ।)

7. कश्चित् हृदयम् चोरयतीति वानरः वदति ।
(कश्चिद्धृदयं चोरयतीति वानरो वदति ।)

8. एवम् कुम्भीरः वानरः च मीत्रे तिष्ठतः ।
(एवं कुम्भीरो वानश्च मीत्रे तिष्ठतः ।)

어휘: 위 문장에 나타나는 순서대로 열거하였다.

1.	gaṅgā(f.)	갠지스강. 이 단어는 장모음 ā로 끝나는 여성 명사 곡용을 따른다. 처격은 gaṅgāyām(갠지스강에서)
	kumbhīraḥ(m.)	악어
2.	vānaraḥ(m.)	원숭이
	taṭaḥ(m.)	강둑
3.	nikṣipati(3. sg.)	그는 던진다
4.	khādati(3. sg.)	그는 먹는다
5.	bhāryā(f.)	아내. 이 단어도 장모음 ā로 끝나는 여성 명사 곡용을 따른다. 어간과 마찬가지로 주격은 bhāryā.
	hṛdayam(n.)	심장. hṛ의 데바나가리 표기법에 대해서는 6과 61쪽 참조.
	icchati(3. sg.)	그녀는 (먹기를) 원한다
6.	vṛkṣaḥ(m.)	나무
7.	kaḥ(m. 의문대명사)	누구
	cit(ind.)	kaḥ를 부정사로 만든다
	corayati(3. sg.)	그는 훔친다
8.	evam(ind.)	그러므로
	mitram(n.)	친구(여기서는 양수 주격으로 사용된다)
	tiṣṭhati(3. sg.)	그는 선다(여기서는 양수로 사용된다)

(이 이야기는 제11과에서 더 자세히 배운다. 그 때 좀 더 분명하게 내용을 이해할 수 있을 것이다)

9 과

문자 어말 ḥ의 연성법

문법 아트마네파다(ātmanepada)와 소유(have) 동사

어휘 아트마네파다 동사

문자

01 다음 표는 첫 단어가 ḥ(원래 s였음)로 끝날 때 일어나는 변화를 나타낸 것이다. 이에는 aḥ, āḥ 그리고 a, ā 이외의 다른 모든 모음 뒤에 오는 ḥ 등의 세 가지가 있다.

어말 ḥ 의 연성법

첫째 단어의 마지막 문자

모든 모음 + r 모든 모음 + ḥ (aḥ, āḥ 제외)	āḥ	aḥ	둘째 단어의 첫 문자	
ḥ혹은 r은 다음과 같이 변화한다				
r	ā	a [2]	모음	(a)
r	ā	o	g / gh	
r	ā	o	j / jh	
r	ā	o	ḍ / ḍh	
r	ā	o	d / dh	
r	ā	o	b / bh	(b)
r	ā	o	비음(n / m)	
r	ā	o	y / v	
- [1]	ā	o	r	
r	ā	o	l	
r	ā	o	h	
ḥ	āḥ	aḥ	k / kh	
ś	āś	aś	c / ch	
ṣ	āṣ	aṣ	ṭ / ṭh	
s	ās	as	t / th	
ḥ	āḥ	aḥ	p / ph	(c)
ḥ	āḥ	aḥ	ś	
ḥ	āḥ	aḥ	ṣ / s	
ḥ	āḥ	aḥ	휴지위치	

1 i, u가 ḥ 앞에 오면 ḥ는 탈락하고, ī, ū가 된다.
a, i, u가 r 앞에 오면 r은 탈락하고, ā, ī, ū가 된다.

2 aḥ + a = o '는 제외한다. 예를 들면,

रामः + अत्र = रामोऽत्र

rāmaḥ + atra = rāmo 'tra

02 첫 단어가 aḥ로 끝나면 세 번째 행을 이용하고, 첫 단어가 āḥ로 끝나면 두 번째 행을 이용하며, 첫 단어가 ḥ로 끝나고 그 앞에 a, ā이외의 모음이 오거나 모든 모음 뒤에 r 로 끝날 때(ar, ār도 포함)는 첫 번째 행을 이용하면 된다.

03 다음은 몇가지 실례이다. 더 많은 예들은 14과를 참조하라.

연성 적용 전	연성 적용 후
रामः गच्छति rāmaḥ gacchati	रामो गच्छति rāmo gacchati
वीराः गच्छन्ति vīrāḥ gacchanti	वीरा गच्छन्ति vīrā gacchanti
रामः पश्यति rāmaḥ paśyati	रामः पश्यति rāmaḥ paśyati
वीराः पश्यन्ति vīrāḥ paśyanti	वीराः पश्यन्ति vīrāḥ paśyanti

04 어말 s는 ḥ와 같이 취급된다. 예를 들면 rāmas는 rāmaḥ와 같은 규칙에 따른다. 둘다 gacchati 앞에서 ramo가 된다.

05 데바나가리로 표기할 때, 이들 연성법을 적용한 뒤 첫 단어가 ḥ를 포함하여 모음으로 끝나면 뛰어쓴다. 이 과에서는 제8과와 제9과에 배운 연성법이 적용되지 않는 단어는 일단 띄어쓴다. 로마자로 표기할 때, 이 교재에서는 연성의 결과가 bhvārjuna와 같이 두 모음이 결합된 형태가 아니면 단어들은 항상 띄어쓴다. 예를 들어,

रामः चिन्तयति	रामश्चिन्तयति
rāmaḥ cintayati	rāmaś cintayati
रामः तिष्ठति	रामस्तिष्ठति
rāmaḥ tiṣṭhati	rāmas tiṣṭhati
गच्छति इति	गच्छतीति
gacchati iti	gacchatīti
भव अर्जुन	भवार्जुन
bhava arjuna	bhavārjuna

06 위의 도표는 (A), (B), (C) 세 그룹으로 나뉜다. 이들 세 그룹은 둘째 단어의 첫 문자에 의해 결정된다. 곧 (A) 모음 (B) 유성자음 (C) 무성자음이다.(휴지위치는 무성자음으로 취급한다)

07 다음 도표(제14과에서 더 자세히 서술함)는 연성법이 이들 세 그룹으로 변화하는 것을 나타낸 것이다. 위에서 제시한 도표와 같은 정보를 제공하지만, 나중에 기억하기 쉽도록 좀 더 개념적 형태로 주어졌다. 각 그룹은 둘째 단어의 첫 문자를 나타낸다.

a	ā	
i	ī	
u	ū	
ṛ	ṝ	(a) 모음
ḷ		
e	ai	
o	au	

ḥ		ka	kha	|	ga	gha	ṅa	
ś		ca	cha	|	ja	jha	ña	
ṣ		ṭa	ṭha	|	ḍa	ḍha	ṇa	
s		ta	tha	|	da	dha	na	
ḥ		pa	pha	|	ba	bha	ma	
				|	ya	ra	la	va
ḥ	śa	ṣa	sa	|	ha			
ḥ	휴지위치			|				
	(c) 무성 자음			|	(b) 유성자음			

(a) 둘째 단어가 모음으로 시작하면,
aḥ는 a가 된다.(aḥ + a = o '는 제외)
āḥ는 ā가 된다.
모음 + ḥ는 모음 + r가 된다.

(b) 둘째 단어가 유성자음으로 시작하면,
aḥ는 o가 된다.
āḥ는 ā가 된다.
모음 + ḥ는 모음 + r가 된다(r로 시작하는 단어 앞에서는 제외).

(c) 둘째 단어가 무성자음으로 시작하면,
위 도표의 가장 왼쪽 문자로 변화한다.

문법

아트마네파다 동사

01 이 과에서는 아트마네파다(ātmanepada, Ā) 어미를 배울 것이다. 아트마네파다는 행위의 결과가 행위자 자신(ātman)에게 돌아가는 것을 표현하는 용법이다. 파라스마이파다는 행위의 결과가 다른 사람(para)에게 가는 것을 표현하는 용법이다. 많은 동사들은 대개 파라스마이파다 어미만 취하거나 아트마네파다 어미만 취하지만 어떤 동사는 두 가지 어미를 모두 취할 수 있다.

02 다음은 아트마네파다 동사 √bhāṣ(말하다)의 활용형이다.

	단수	양수	복수
3인칭	bhāṣate	bhāṣete	bhāṣante
2인칭	bhāṣase	bhāṣethe	bhāṣadhve
1인칭	bhāṣe	bhāṣāvahe	bhāṣāmahe

03 우리가 제8과까지 배웠던 대부분의 동사들은 항상 파라스마이파다 어미로 활용하였지만 그들도 때로는 아트마네파다 어미를 취한다(행위의 결과가 행위자에게 더 많이 돌아가는 상황에서). 동사 √cint는 규칙적으로 파라스마이파다 어미와 아트마네파다 어미를 함께 취한다. 그래서 ubhyapada로 분류된다(3과 문법 4 참조). 두 가지 어미를 규칙적으로 함께 취하는 동사들은 cintayati-te와 같이 나타낼 것이다.

소유(have) 동사

04 산스크리트에는 소유의 의미를 가진 동사 곧 영어의 have에 해당하는 동사가 없다. 소유의 의미는 속격과 √bhū동사로 표현한다. 예를 들면,

वीरस्य पुत्रो भवति ।

vīrasya putro bhavati

영웅에게는 아들이 하나 있다.

어휘

산스크리트		한국어
एव	eva(ind.)	다만, 실로
गृहम्	gṛham(n.)	집
जलम्	jalam(n.)	물
जि	√ji(P.) jayati	그는 정복한다
दुःखम्	duḥkham*(n.)	괴로움
भाष्	√bhāṣ(Ā.) bhāṣate	그는 말한다
मन्	√man(Ā.) manyate	그는 생각한다
लभ्	√labh(Ā.) labhate	그는 얻는다
सुखम्	sukham(n.)	행복, 즐거움
सेव्	√sev(Ā.) sevate	그는 섬긴다, 봉사한다

* ḥ가 단어의 중간에 있을 때는 공기의 흐름으로 발음한다.

연습문제

01 다음 구절에 올바른 연성법을 적용하라.

a. रामः गच्छति
b. बालाः आगच्छन्ति
c. वीरौ आगच्छतः
d. शिष्यः अत्र
e. रामः इति
f. देवाः स्मरन्ति
g. पुत्रः पश्यति
h. अश्वः वदति

02 다음 구절에 적용된 연성법을 지적하라.

a. रामो गच्छति
b. कुत्रागच्छसि
c. सूर्यश्चन्द्रश्च
d. गजैर्वीरः
e. अश्वा आगच्छन्ति
f. रामः पुत्रश्च
g. गजैः सह
h. फलयोर्जलम्

03 다음 문장을 한국어로 번역하라. 모음과 어말 ḥ 연성법을 가려낸 다음 번역하라.

a. वीरस्य बालो भवति ।

vīrasya bālo bhavati
(वीरस्य बालो भवति)

b. सुखम् ज्ञानस्य फलम् भवति ।

sukham jñānasya phalam bhavati
(सुखं ज्ञानस्य पलं भवति)

c. शिष्या गृहात् जलम् आचार्याय लभन्ते ।

śiṣyā gṛhāt jalam ācāryāya labhante
(शिष्या गृहाज्जलमाचार्याय लभन्ते ।)

d. रामस्तत्र जलाय गच्छतीति वीरो वदति ।

rāmas tatra jalāya gacchatīti vīro vadati
(रामस्तत्र जलाय गच्छतीति वीरो वदति ।)

e. शिष्य आचार्यम् सेवते ।

śiṣya ācāryam sevate
(शिष्य आचार्यं सेवते ।)

f. शिष्या ज्ञानम् आचार्यात् लभन्ते ।

śiṣyā jñānam ācāryāt labhante

(शिष्या ज्ञानमाचार्याल्लभन्ते ।)

g. राम कथम् दुःखम् जयसि ।

rama katham duḥkham jayasi

(राम कथं दुःखं जयसि ।)

h. पुत्रो गृहात् नृपस्याश्वेषु गच्छति ।

putro gṛhāt nṛpasyāśveṣu gacchati

(पुत्रो गृहान्नृपस्याश्वेषु गच्छति ।)

i. अमृतम् सुखस्य फलम् भवतीति चिन्तयते ।

amṛtam sukhasya phalam bhavatīti cintayate

(अमृतं सुखस्य फलं भवतीति चिन्तयते ।)

j. आचार्यो ज्ञानस्य पुस्तकम् शिष्याय पठति।

ācāryo jñānasya pustakam śiṣyāya paṭhati

(आचार्यो ज्ञानस्य पुस्तकं शिष्याय पठति ।)

04 다음 문장을 산스크리트로 번역하라. 먼저 로마자로 쓴 다음 데바나가리로 쓰고, 그런 다음 다시 모음과 어말 ḥ 연성법을 적용해 쓰라.

a. 물은 라마의 두 손 안에 있다.

b. 소년은 책을 읽는다.

c. 영웅은 왕의 집에만 서 있다.

d. 소년들은 숲으로부터 과일들을 얻는다.

e. "당신은 지식으로 괴로움을 정복한다" 스승은 말한다.

f. 소년은 과일로부터 물을 얻는다.

g. "나는 태양과 달에서 진리를 본다" 라마는 말한다.

h. 지식이 없이는 괴로움이 있다.

i. "나는 마을로부터 오지 않는다" 왕의 아들이 말한다.

j. 영웅과 소년은 숲에 산다.

요약 정리

	단수	양수	복수
3인칭	gacchati	gacchataḥ	gacchanti
	그는 간다	그들 둘은 간다	그들 모두는 간다
2인칭	gacchasi	gacchathaḥ	gacchatha
	너는 간다	너희 둘은 간다	너희 모두는 간다
1인칭	gacchāmi	gacchāvaḥ	gacchāmaḥ
	나는 간다	우리 둘은 간다	우리 모두는 간다

주로 파라스마이파다(parasmaipada) 어미를 취하는 동사

ā + √gam	āgacchati	그는 온다
√gam	gacchati	그는 간다
√ji	jayati	그는 이긴다
√paṭh	paṭhati	그는 읽는다
√paś(√dṛś)	paśyati	그는 본다
√prach	pṛcchati	그는 묻는다
√bhū	bhavati	그는 있다
√vad	vadati	그는 말한다
√vas	vasati	그는 산다
√sthā	tiṣṭhati	그는 선다
√smṛ	smarati	그는 기억한다

	단수	양수	복수
3인칭	bhāṣate	bhāṣete	bhāṣante
	그는 말한다	그 둘은 말한다.	그들 모두는 말한다
2인칭	bhāṣase	bhāṣethe	bhāṣadhve
	너는 말한다	너희 둘은 말한다	너희 모두는 말한다
1인칭	bhāṣe	bhāṣāvahe	bhāṣāmahe
	나는 말한다	우리 둘은 말한다	우리 모두는 말한다

주로 아트마네파다(ātmanepada) 어미를 취하는 동사

√bhāṣ	bhāṣate	그는 말한다
√man	manyate	그는 생각한다
√labh	labhate	그는 얻는다
√sev	sevate	그는 모신다

두 어미를 모두 취하는 동사

√cint	cintayati -te	그는 생각한다

남성 명사

	단수	양수	복수
주격	naraḥ	narau	narāḥ
목적격	naram	narau	narān
구격	nareṇa*	narābhyām	naraiḥ
여격	narāya	narābhyām	narebhyaḥ
탈격	narāt	narābhyām	narebhyaḥ
속격	narasya	narayoḥ	narāṇām*
처격	nare	narayoḥ	nareṣu
호격	nara	narau	narāḥ

* gajena, gajānām(144-145페이지 참조)

aśvaḥ	말
ācāryaḥ	선생
gajaḥ	코끼리
grāmaḥ	마을
candraḥ	달
naraḥ	사람
nṛpaḥ	왕

putraḥ	아들
bālaḥ	소년
mṛgaḥ	사슴
rāmaḥ	라마
vīraḥ	영웅
śiṣyaḥ	학생
sūryaḥ	해
hastaḥ	손

중성 명사

	단수	양수	복수
주격	phalam	phale	phalāni*
목적격	phalam	phale	phalāni*
구격	phalena*	phalābhyām	phalaiḥ
여격	phalāya	phalābhyām	phalebhyaḥ
탈격	phalāt	phalābhyām	phalebhyaḥ
속격	phalasya	phalayoḥ	phalānām*
처격	phale	phalayoḥ	phaleṣu
호격	phala	phale	phalāni*

*śāstrāṇi, śāstreṇa, śāstrāṇām

amṛtam	불사, 감로
gṛham	집
jalam	물
jñānam	지식
duḥkham	고통
pustakam	책
phalam	과일
vanam	숲
śāstram	논서

satyam	진리
sukham	즐거움
sūktam	찬가

불변화사

atra	여기
iti	인용의 끝을 나타냄
eva	오직
katham	어떻게(kutra와 같은 용법)
kutra	어디
ca	그리고
tatra	거기
na	부정사
vā	혹은
vinā	동반하지 않고
saha	함께, 같이

라마야나

1. अयोध्यायाम् दशरथो नाम नृपो वसति ।
(अयोध्यायां दशरथो नाम नृपो वसति ।)

2. दशरथस्य चत्वारः पुत्रा भवन्ति ।
(दशरथस्य चत्वारः पुत्रा भवन्ति ।)

3. पुत्रा रामो भरतो लक्ष्मणः शत्रुघ्नो भवन्ति ।
(पुत्रा रामो भरतो लक्ष्मणः शत्रुघ्नो भवन्ति ।)

4. रामः सुन्दरः शान्तो वीरश्च भवति ।
(रामः सुन्दरः शान्तो वीरश्च भवति ।)

5. नृपो रामे स्निह्यति ।
(नृपो रामे स्निह्यति ।)

6. रामो मिथिलाम् लक्ष्मणेन सह गच्छति ।
(रामो मिथिलां लक्ष्मणेन सह गच्छति ।)

7. तत्र रामः सीताम् पश्यति ।
(तत्र रामः सीतां पश्यति ।)

8. सीतायां स्निह्यामीति रामो वदति ॥
(सीतायां स्निह्यामीति रामो वदति ॥)

어휘

1. ayodhyā(f.) 아요디야(지명), ayodhyāyām은 ayodhyā의 처격이다.
   daśarathaḥ(m.) 아요디야국왕의 이름
   nāma(ind.) ~라 이름하는

2. catvāraḥ(No.) 넷(형용사로 쓰임)

3. bharataḥ, lakṣmaṇaḥ, śatrughnaḥ 라마의 동생들 이름.

4. sundara(형용사) 아름다운
   śānta(형용사) 평화로운
   vīra (형용사) 강한(원래는 영웅이란 뜻의 명사이지만 형용사로 쓰면 영웅처럼 강하다는 뜻이 된다.)

5. snihyati(3인칭 단수 동사) 그는 사랑한다(처격과 함께 쓰임)

6. mithilā(f.) 미틸라 (지명, 목적격은 mithilām)

7. sītā(f.) 시타(라마의 아내 이름, 목적격은 sītām)

8. sītā의 처격은 sītāyām이다.

10 과

문자 나머지 연성법들

문법 대명사와 형용사
√as

어휘 형용사와 소사

문자

나머지 연성법

01 아래 표는 어말 t, n, m의 연성법을 나타내는 것이다.

앞 단어의 마지막 문자 t	n	m	뒷 단어의 첫 문자
d	n[1]	m	모음
d	n	ṃ	g / gh
j	ñ	ṃ	j / jh
ḍ	ṇ	ṃ	ḍ / ḍh
d	n	ṃ	d / dh
d	n	ṃ	b / bh
n	n	ṃ	비음(n / m)
d	n	ṃ	y / v
d	n	ṃ	r
l	ṃl	ṃ	l
d(dh)[3]	n	ṃ	h
t	n	ṃ	k / kh
c	ṃś	ṃ	c / ch
ṭ	ṃṣ	ṃ	ṭ / ṭh
t	ṃs	ṃ	t / th
t	n	ṃ	p/ph
c(ch)[4]	ñ(ch)[2]	ṃ	ś
t	n	ṃ	ṣ/s
t	n	m	휴지위치

1 n 앞의 모음이 단모음이면 n은 nn이 된다.

2 뒤따르는 ś는 ch가 된다.

3 뒤따르는 h는 dh가 된다.

4 뒤따르는 ś는 ch가 된다.

이 도표에 대한 예는 p. 196(어말 m), pp.206～207(어말 n), pp.218～219(어말 t) 등에서 볼 수 있다.

02 첫 단어의 마지막 문자는 다음 단어의 첫 문자를 발음하기 위해 준비하고 있으므로 이 표에서는 많은 변화가 일어난다. 유성음화를 포함하고 있는 이 법칙은 '역행동화'로 불린다.

03 이 외에도 몇 가지 연성법이 있는데, 그것은 덜 사용하는 편이다. 이들은 제18과에서 설명한다.

04 첫 단어가 모음으로 끝나고(ḥ와 ṃ 제외) 둘째 단어가 자음으로 시작할 경우는 연성이 일어나지 않는다.

05 필사본에서는 단어, 문장 또는 문단사이에 전혀 띄어쓰기가 없었다. 다행히 현대에 들어와서 편집된 것은 띄어쓰기를 하고 있다. 데바나가리 표기에서는, 가능한 한 쓰는 방식의 변화없이 그리고 비라마를 부가하지 않고, 단어를 띄어쓴다.

06 다음은 띄어쓰기를 하는 경우이다. 연성법을 적용한 뒤 ḥ 또는 ṃ를 포함해서 앞 단어가 모음으로 끝날 때는 띄어쓴다. 예를 들어,

रामः गच्छति = रामो गच्छति (모음)
रामः पृच्छति = रामः पृच्छति (ḥ)
रामम् गच्छति = रामं गच्छति (ṃ)

rāmaḥ gacchati → rāmo gacchati (모음)
rāmaḥ pṛcchati → rāmaḥ pṛcchati (ḥ)
rāmam gacchāmi → rāmaṃ gacchāmi (ṃ)

문법

01 대명사(sarva-nāman)는 명사 곡용과 동일한 방식으로 곡용한다. 다음 표는 1인칭 대명사의 곡용형이다.

대명사

어간 : mad(단수) 나; asmad(복수) 우리 :
둘 다 모든 성에 통용된다.

	단수	양수	복수
주격	अहम् aham	आवाम् āvām	वयम् vayam
목적격	माम् मा mām (mā)	आवाम् नौ āvām (nau)	अस्मान् नः asmān (naḥ)
구격	मया mayā	आवाभ्याम् āvābhyām	अस्माभिः asmābhiḥ
여격	मह्यम् मे mahyam (me)	आवाभ्याम् नौ āvābhyām (nau)	अस्मभ्यम् नः asmabhyam (naḥ)
탈격	मत् mat	आवाभ्याम् āvābhyām	अस्मत् asmat
속격	मम मे mama (me)	आवयोः नौ āvayoḥ (nau)	अस्माकम् नः asmākam (naḥ)
처격	मयि mayi	आवयोः āvayoḥ	अस्मासु asmāsu

02 괄호 안에 있는 산스크리트 단어들은 가끔 사용된다. 예를 들면 mām 대신에 가끔 mā (문장을 시작할 때는 제외)가 사용된다.

03 다음은 2인칭 대명사이다.

어간 : tvad(단수) 당신 ; yuṣmad(복수) 당신들 :
둘 다 모든 성에 통용된다.

	단수	양수	복수
주격	त्वम् tvam	युवाम् yuvām	यूयम् yūyam
목적격	त्वाम् त्वा tvām (tvā)	युवाम् वाम् yuvām (vām)	युष्मान् वः yuṣmān (vaḥ)
구격	त्वया tvayā	युवाभ्याम् yuvābhyām	युष्माभिः yuṣmābhiḥ
여격	तुभ्यम ते tubhyam (te)	युवाभ्याम् वाम् yuvābhyām (vām)	युष्मभ्यम् वः yuṣmabhyam (vaḥ)
탈격	त्वत् tvat	युवाभ्याम् yuvābhyām	युष्मत् yuṣmat
속격	तव ते tava (te)	युवयोः वाम् yuvayoḥ (vām)	युष्माकम् वः yuṣmākam (vaḥ)
처격	त्वयि tvayi	युवयोः yuvayoḥ	युष्मासु yuṣmāsu

형용사 **04** 형용사(viśeṣaṇa)는 명사류(subanta)로 간주된다. 그것은 명사처럼 곡용한다. 그들은 대개 수식하는 명사 앞에 위치하고, 성, 수, 격은 수식하는 명사와 일치한다. 예를 들면 '아름다운'이란 뜻의 형용사는 sundara인데,

सुन्दरो गजो गच्छति

sundaro gajo gacchati 아름다운 코끼리가 간다

만약 속격이 또한 어떤 명사를 수식하고 있다면, 그 속격이 수식받는 명사와 가장 가까운 곳에 위치한다.

सुन्दरो नृपस्य गजो गच्छति

sundaro nṛpasya gajo gacchati
왕의 아름다운 말이 간다.

सुन्दरस्य नृपस्य गजो गच्छति

sundarasya nṛpasya gajo gacchati
아름다운 왕의 말이 간다.

√as

05 산스크리트에서 가장 일반적인 어근들 중 하나는 √as(이다, 있다)이다. 우리는 앞에서 이와 같은 또 다른 어근 √bhū(이다, 있다, 되다)를 배웠다. 그러나 √as가 더 일반적이다. 그것은 '~이 있다'라는 의미와 계사(copula)로 사용된다. 예를 들어,

말이 있다. अश्वोऽस्ति
aśvo 'sti

라마는 왕이다. रामो नृपोऽस्ति
rāmo nṛpo 'sti

06 다음은 √as동사의 직설법 현재형(laṭ)이다.

	단수	양수	복수
3인칭	अस्ति asti	स्तः staḥ	सन्ति santi
2인칭	असि asi	स्थः sthaḥ	स्थ stha
1인칭	अस्मि asmi	स्वः svaḥ	स्मः smaḥ

이들과 파라스마이파다 동사 어미의 유사성에 유의하라. 또 단수형은 a로 시작하고, 양수와 복수는 s로 시작하는 것에 유의하라.

07 문맥상 의미가 분명할 경우, √as동사는 종종 생략된다. 예를 들어,

रामो नृपो ऽस्ति ।	⇨	**नृपो रामः ।**
rāmo nṛpo 'sti	⇨	nṛpo rāmaḥ
라마는 왕이다	⇨	라마는 왕이다

√as동사가 생략될 때 보어(왕)는 종종 주어(라마) 앞에 온다.

08 때로는 √as 동사가 문장의 처음에 오는 경우가 있다. 예를 들어,

अस्ति नृपो दशरथो ग्रमे ।

asti nṛpo daśaratho grāme

다샤라타라는 이름의 한 왕이 마을에 있다.

어휘

산스크리트		한국어
अतीव	atīva(ind.)	매우
अपि	api(ind.)	또한, 역시, 조차(관련 있는 단어 뒤에 옴)
अस्	√as(root) asti(3, sg.)	그(그 여자, 그것)가 있다
अस्मद्	asmad(pl., pron.)	우리
अहो	aho(ind.)	아하! 어이, 이봐
एवम्	evam(ind.)	이와 같이, 이런 식으로
कुपित	kupita(adj.)	화난
त्वद्	tvad(sg., pron.)	너, 당신, 그대
धार्मिक	dhārmika(adj.)	덕스러운, 덕있는
नाम	nāma(ind.)	~라고 이름하는(관련 있는 단어 뒤에 옴)
पुनर्	punar(ind.)	또
भीत	bhīta(adj.)	두려운
मद्	mad(sg., pron.)	나
युष्मद्	yuṣmad(pl., pron.)	너희들, 당신들, 그대들
सुन्दर	sundara(adj.)	아름다운

연습문제

01 연성법을 적용하여 데바나가리로 쓴 후 한국어로 번역하라.

a. mama putraḥ gacchati

b. tava gajaḥ mat tvām gacchati

c. mama hastau pustakeṣu staḥ

d. aham nṛpaḥ asmi

e. vayam aśve tiṣṭhāmaḥ

f. tvam mama pustakam paṭhasi

g. rāmaḥ tava nṛpaḥ asti

h. yūyam gṛhe stha

i. asmākam nṛpaḥ kupitaḥ asti

j. tvayā saha aham gacchāmi

k. dhārmikaḥ nṛpaḥ bhītaḥ asti

l. sundaraḥ tvam

02 연성법을 지적하고, 한국어로 번역하라.

a. नृपस्य पुत्रोऽस्ति ।

b. अहो रामः पुनर्वदति ।

c. अहमतीव भीतो भवामि ।

d. आचार्या अपि पुस्तकानि पठन्ति ।

e. अस्ति नृपो रामो नाम वने ।

f. कथं तव गृहं गच्छमीत शिष्यः पृच्छति ।

g. वीरो मम ग्रामं जयति ।

h. पुत्र सुन्दरात्फलाज्जलं लभते ।

i. सुखेन विना दुःखमस्ति ।

j. सुन्दरो गज इति पुत्रो मन्यते ।

03 다음 문장을 산스크리트로 번역하라. 먼저 연성법을 적용하지 않고 데바나가리로 쓰고, 다음으로 연성법을 적용하여 데바나가리로 쓰라.

a. 학생은 선생을 두려워하지 않는다(선생은 탈격을 사용).

b. 당신은 논서들로부터 지식을 얻는다.

c. "소년은 거기에 있다" 영웅은 스승에게 말한다.

d. 나는 스승에게 사슴에 대해 묻는다.

e. "너는 어디로 가느냐?" 소년은 묻는다.

f. 다시 영웅은 나의 집에 온다.

g. 너의 스승은 진실을 말한다.

h. 우리 말들이 마을에 서 있다.

i. 라마라는 왕이 우리 마을에 있다.

j. 어떻게 나는 왕의 말들을 너로부터 얻느냐?

요약 정리

동사

	단수	양수	복수
3인칭	gacchati	gacchataḥ	gacchanti
	그는 간다	그들 둘은 간다	그들 모두는 간다
2인칭	gacchasi	gacchathaḥ	gacchatha
	너는 간다	너희 둘은 간다	너희 모두는 간다
1인칭	gacchāmi	gacchāvaḥ	gacchāmaḥ
	나는 간다	우리 둘은 간다	우리 모두는 간다

주로 파라스마이파다 어미를 취하는 동사

ā + √gam	āgacchati	그는 온다
√gam	gacchati	그는 간다
√ji	jayati	그는 이긴다
√paṭh	paṭhati	그는 읽는다
√paś(√dṛś)	paśyati	그는 본다
√prach	pṛcchati	그는 묻는다
√bhū	bhavati	그는 있다
√vad	vadati	그는 말한다
√vas	vasati	그는 산다
√sthā	tiṣṭhati	그는 선다
√smṛ	smarati	그는 기억한다

	단수	양수	복수
3인칭	bhāṣate	bhāṣete	bhāṣante
	그는 말한다	그 둘은 말한다.	그들 모두는 말한다
2인칭	bhāṣase	bhāṣethe	bhāṣadhve
	너는 말한다	너희 둘은 말한다	너희 모두는 말한다
1인칭	bhāṣe	bhāṣāvahe	bhāṣāmahe
	나는 말한다	우리 둘은 말한다	우리 모두는 말한다

주로 아트마네파다 어미를 취하는 동사

√bhāṣ	bhāṣate	그는 한다
√man	manyate	그는 생각한다
√labh	labhate	그는 얻는다
√sev	sevate	그는 모신다

두 어미를 모두 취하는 동사

√cint	cintayati -te	그는 생각한다

√as 동사

	단수	양수	복수
3인칭	asti	staḥ	santi
2인칭	si	sthaḥ	stha
1인칭	asmi	svaḥ	smaḥ

대명사표는 130쪽에 있다.

남성 명사

	단수	양수	복수
주격	naraḥ	narau	narāḥ
목적격	naram	narau	narān
구격	nareṇa*	narābhyām	naraiḥ
여격	narāya	narābhyām	narebhyaḥ
탈격	narāt	narābhyām	narebhyaḥ
속격	narasya	narayoḥ	narāṇām*
처격	nare	narayoḥ	nareṣu
호격	nara	narau	narāḥ

* gajena, gajānām(144-145쪽 참조)

aśvaḥ	말
ācāryaḥ	선생
gajaḥ	코끼리
grāmaḥ	마을
candraḥ	달
naraḥ	사람
nṛpaḥ	왕
putraḥ	아들
bālaḥ	소년
mṛgaḥ	사슴
rāmaḥ	라마
vīraḥ	영웅
śiṣyaḥ	학생
sūryaḥ	해
hastaḥ	손

중성 명사

	단수	양수	복수
주격	phalam	phale	phalāni*
목적격	phalam	phale	phalāni*
구격	phalena*	phalābhyām	phalaiḥ
여격	phalāya	phalābhyām	phalebhyaḥ
탈격	phalāt	phalābhyām	phalebhyaḥ
속격	phalasya	phalayoḥ	phalānām*
처격	phale	phalayoḥ	phaleṣu
호격	phala	phale	phalāni*

*śāstrāṇi, śāstreṇa, śāstrāṇām

amṛtam	불사, 감로
gṛham	집
jalam	물

jñānam	지식
duḥkham	고통
pustakam	책
phalam	과일
vanam	숲
śāstram	논서
satyam	진리
sukham	즐거움
sūktam	찬가

형용사

kupita	성난
dhārmika	덕망있는
bhīta	두려운
sundara	아름다운

불변화사

atīva	매우
atra	여기
api	~도
aho	여어, 이봐
iti	인용의 끝을 나타냄
eva	오직
evam	이와 같이
katham	어떻게(kutra와 같은 용법)
kutra	어디
ca	그리고
tatra	거기
na	부정사
nāma	~라 이름하는(관련된 말 뒤에 둔다)
punar	또
vā	혹은
vinā	동반하지 않고
saha	함께, 같이

11 과

문자　　내연성 법칙

문법　　장모음 ā로 끝나는 여성명사
3인칭 대명사

어휘　　여성명사

문자

내연성

01 이 과에서는 내연성 법칙을 두 가지 배운다. 이들 연성법을 기억할 필요는 없다. 다만 이러한 것들이 있다는 것을 알아두기만 하면 된다.

02 첫 번째 법칙은 s가 ṣ로 변하는 것이다. 이는 s직전에 a, ā를 제외한 모음 또는 k나 r이 오는 경우이다. 다만 이 법칙은 s가 어말에 위치하거나 r가 s직후에 올 때는 적용되지 않는다. 이 법칙은 아누스바라(ṃ)나 비사르가(ḥ)가 모음, k, r와 s 사이에 올 때도 적용된다. 이 연성법은 도표로 보면 쉽게 이해할 수 있다.

a, ā를 제외한 모음 k, r.	ṃ, ḥ가 사이에 와도 무관.	s 는 ṣ로 변한다.	어말의 s거나 s 직후에 r가 올 경우는 예외.

03 s 다음에 t, th, n 등이 올 때는 그것도 권설음이 된다. 예를 들어,

sthā → tiṣṭhati

04 두 번째 내연성법칙은 n가 ṇ로 변하는 것이다. 만약 r, ṛ, ṝ, ṣ가 n보다 앞에 올 경우 n는 ṇ가 된다. 하지만 특정한 음이 사이에 오면 이러한 변화는 일어나지 않는다. 다음 도표를 연구해 보라.

r ṛ ṝ ṣ	c, ch, j, jh, ñ ṭ, ṭh, ḍ, ḍh, ṇ t, th, d, dh, l, ś, s 가 사이에 있지 않을 경우	n 는 ṇ로 변한다.	모음, m, y, v, 혹은 n이 뒤에 와야 한다.

05 r, ṛ, ṝ, ṣ 등과 같은 권설음은 혀를 말아올린 상태로 놔둔다. 만약 ṭ와 같이 혀를 약간 뻗은 형태의 권설음이거나 혹은 c행과 t행 음이 끼어들지 않는다면 그때 n는 권설음화 한다.(ka행과 pa행은 말아올린 상태를 바꿀만큼 충분히 혀를 움직이지 않는 것처럼 보인다) 예를 들어,

rāmeṇa(r가 n를 ṇ로 변화시킨다)
putreṇa(r가 n를 ṇ로 변화시킨다)
putrāṇām(r가 n를 ṇ로 변화시킨다)

06 아래 도표에서는 연성을 방해하는 음들을 굵은 글씨로 표시하였다. 그들은 ca행, ṭa행, ta행 등의 세 줄에서 ya를 제외한 모든 자음들이다.

ka	kha	ga	gha	ṅa		ha
ca	**cha**	**ja**	**jha**	**ña**	ya	**śa**
ṭa	**ṭha**	**ḍa**	**ḍha**	**ṇa**	ra	ṣa
ta	**tha**	**da**	**dha**	na	**la**	**sa**
pa	pha	ba	bha	ma	va	

07 또 다른 n가 n 직후에 올 때는 둘다 ṇṇ가 된다.

문법

ā로 끝나는 여성명사

01 명사곡용에는 표준 어미가 있다. 표준 어미를 알아두는 것은 앞으로 배울 명사 곡용을 이해하는데 도움이 될 것이다. 어떤 곡용은 다른 곡용보다 더 밀접하게 이들 어미를 따른다. 표준어미들은 중성의 주격과 목적격을 제외하고는 모든 성에서 동일하다. 중성 주격과 목적격 어미는 m, ī, i이다.

	sg.		du.		pl.	
	m., f.	n.	m., f.	n.	m., f.	n.
N.	s	m	au	ī	as	i
Ac.	am	m	au	ī	as	i
I.	ā		bhyām		bhis	
D.	e		bhyām		bhyas	
Ab.	as		bhyām		bhyas	
G.	as		os		ām	
L.	i		os		su	

이 어미들은 연성법을 사용하면서 일반적으로 대부분의 어간에 적용된다. 예를 들어 남성 주격 복수 표준어미는 as이다. 이것을 nara에 더할 때 사람들이라는 뜻의 narās(연성법을 적용하면 narāḥ)가 된다. 이 표준어미들은 파니니(Pāṇini)의 Aṣṭādhyāyī(4,1,2)에 따르면, su에서 시작하여 p로 끝난다. 그러므로 파니니는 명사 격어미를 sup라 부른다.

02 다음은 장모음 ā로 끝나는 여성명사의 곡용형이다.

어간 : senā(f.) 군대

	단수	양수	복수
주격	सेना senā	सेने sene	सेनाः senāḥ
목적격	सेनाम् senām	सेने sene	सेनाः senāḥ
구격	सेनया senayā	सेनाभ्याम् senābhyām	सेनाभिः senābhiḥ
여격	सेनायै senāyai	सेनाभ्याम् senābhyām	सेनाभ्यः senābhyaḥ
탈격	सेनायाः senāyāḥ	सेनाभ्याम् senābhyām	सेनाभ्यः senābhyaḥ
속격	सेनायाः senāyāḥ	सेनयोः senayoḥ	सेनानाम् senānām
처격	सेनायाम् senāyām	सेनयोः senayoḥ	सेनासु senāsu
호격	सेने sene	सेने sene	सेनाः senāḥ

03 여성명사를 수식하는 형용사는 여성형을 취해야 한다. 남성과 중성 형용사는 보통 nara과 phala처럼 곡용한다. 명사가 여성이면 형용사도 ā나 ī로 끝나는 어간을 취하는 여성명사처럼 곡용한다(ī로 끝나는 여성명사는 제13과에서 배울 것이다). 사전에 여성형용사를 어떻게 만드는지 표시되어 있다. 예를 들어

kupita	mf(ā)n	bhīta	mf(ā)n
dhārmika	mf(ī)n	sundara	mf(ī)n

만약 사전의 표제어가 mfn으로 표시된다면 그 단어는 형용사이고, 여성형은 보통 ā를 취한다.

3인칭 대명사 **04** 1인칭과 2인칭 대명사는 모든 성에 걸쳐서 동일하게 곡용하지만 3인칭 대명사는 세 가지 성으로 곡용한다. 다음은 남성 3인칭 대명사의 곡용형이다.

어간 tad(m.) 그는

	단수	양수	복수
주격	सः saḥ	तौ tau	ते te
목적격	तम् tam	तौ tau	तान् tān
구격	तेन tena	ताभ्याम् tābhyām	तैः taiḥ
여격	तस्मै tasmai	ताभ्याम् tābhyām	तेभ्यः tebhyaḥ
탈격	तस्मात् tasmāt	ताभ्याम् tābhyām	तेभ्यः tebhyaḥ
속격	तस्य tasya	तयोः tayoḥ	तेषाम् teṣām
처격	तस्मिन् tasmin	तयोः tayoḥ	तेषु teṣu

05 남성대명사 주격 단수형 saḥ는 연성법이 적용되면 a를 제외한 모든 모음과 자음 앞에서 끝의 ḥ가 탈락한다. 휴지위치에서는 그대로 saḥ로 나타나고, 모음 a 앞에서는 so(그때 a는 탈락)가 된다. 예를 들어,

स गच्छति	सोऽत्र
sa gacchati	so 'tra

06 다음은 중성 3인칭 대명사의 곡용형이다.

어간 tad(n.) 그것

	단수	양수	복수
주격	तत् tat	ते te	तानि tāni
목적격	तत् tat	ते te	तानि tāni
구격	तेन tena	ताभ्याम् tābhyām	तैः taiḥ
여격	तस्मै tasmai	ताभ्याम् tābhyām	तेभ्यः tebhyaḥ
탈격	तस्मात् tasmāt	ताभ्याम् tābhyām	तेभ्यः tebhyaḥ
속격	तस्य tasya	तयोः tayoḥ	तेषाम् teṣām
처격	तस्मिन् tasmin	तयोः tayoḥ	तेषु teṣu

07 남성 대명사와 중성 대명사의 차이는 주격과 목적격 뿐이다.

08 다음은 여성 3인칭 대명사의 곡용형이다.

어간 tad(f.) 그 여자

	단수	양수	복수
주격	सा sā	ते te	ताः tāḥ
목적격	ताम् tām	ते te	ताः tāḥ
구격	तया tayā	ताभ्याम् tābhyām	ताभिः tābhiḥ
여격	तस्यै tasyai	ताभ्याम् tābhyām	ताभ्यः tābhyaḥ
탈격	तस्याः tasyāḥ	ताभ्याम् tābhyām	ताभ्यः tābhyaḥ
속격	तस्याः tasyāḥ	तयोः tayoḥ	तासाम् tāsām
처격	तस्याम् tasyām	तयोः tayoḥ	तासु tāsu

09 3인칭 대명사는 대명사 또는 지시대명사로도 사용한다. 예를 들면

स गच्छति

sa gacchati 그는 간다('그'는 대명사)

स नरो गचछति

sa naro gacchati 그 사람은 간다('그'는 지시대명사)

지시대명사는 영어의 지시형용사를 말한다. 산스크리트에서는 대명사로 취급한다.

10 지시대명사는 명사 앞에 오는데, 그것은 성, 격, 수에서 뒤에 오는 명사와 일치한다. 예를 들어

स बालो गच्छति

sa bālo gacchati

그 소년은 간다

बालस्तं ग्रामं गच्छति

bālas taṃ grāmaṃ gacchati

소년은 그 마을로 간다

iva **11** iva는 '~와 같이', '~인 것처럼'등의 뜻이다. 예를 들어,

नृप इव बालो वदति

nṛpa iva bālo vadati

소년은 왕인 것처럼 말한다

어휘

산스크리트		한국어
अविद्या	avidyā(f.)	무지, 무명(無明)
इव	iva(ind.)	'~와 같이' '~인 것처럼'(동사, 명사 또는 형용사 뒤에 사용)
कथा	kathā(f.)	이야기
कन्या	kanyā(f.)	소녀
कुपिता	kupitā(f. adj.)	화난
छाया	chāyā(f.)	그림자
पुत्रिका	putrikā(f.)	딸
प्रजा	prajā(f.)	어린이, (왕의) 신하
बाला	bālā(f.)	소녀
भार्या	bhāryā(f.)	아내
भीता	bhītā(f. adj.)	두려운
माला	mālā(f.)	화환, 화관
विद्या	vidyā(f.)	지식, 지혜
सीता	sītā(f.)	시타(라마의 아내)
सेना	senā(f.)	군대

연습문제

01 어휘 목록과 교재 뒤의 변화표를 이용하여 올바른 내연성법과 외연성법을 적용하여 데바나가리로 쓴 뒤 한국어로 번역하라.

a. rāmena saha

b. śāstrāni

c. phale aśve staḥ

d. saḥ gacchati

e. saḥ bālaḥ āgacchati

f. bālaḥ mām āgacchati

g. sā bālāḥ mām āgacchati

h. tām gacchati

i. saḥ bālaḥ gacchati

j. sā bālā gacchati

k. saḥ bālaḥ iva gacchāmi

l. aho rāma

m. tasmin vane saḥ vasati

n. sītāyāḥ mālā

02 다음에서 연성법을 지적하고 한국어로 번역하라.

a. सा सेना नृपं जयति ।

b. राम इव बालो धार्मिकोऽस्ति ।

c. तव प्रजा कथां पठति ।

d. गजस्य च्छायायां प्रजास्तिष्ठन्ति ।

(ch는 단모음 뒤에서는 cch가 된다. p. 229의 5를 보라)

e. नृपस्य पुत्रिका सीतास्ति ।

f. स आचार्यस्य भार्यां सेवते ।

g. नृपस्य पुत्रिका ।

h. विद्यया शिष्योऽमृतं लभते ।

i. सा बालेव सीता गृहं गच्छति ।

03 다음 문장을 연성법을 포함하여 산스크리트로 번역한 다음 데바나가리로 쓰라.

a. 시타라는 이름의 소녀가 저 마을에 있다.

b. 후덕한 왕의 딸은 몹시 두려워한다.

c. "그는 나에게 다시 말한다" 저 아이가 말한다.

d. "아하! 나는 저 이야기를 기억한다" 소녀는 말한다.

e. 당신은 지식으로 불사를 얻고, 무지로 괴로움을 얻는다.

f. 저 소녀들처럼 시타는 책들을 읽는다.

g. "우리 딸은 어디 있느냐?" 영웅은 그의 아내에게 묻는다.

h. 라마의 부인은 시타이다.

i. 영웅은 화관을 얻는다. 그리고 그와 같이 아내를 얻는다.

j. "나에게 시타가 없는 것은 태양이 없는 것과 같다" 라마는 말한다.

원숭이와 악어 이야기

04 다음 이야기를 번역하라. 어휘는 밑에 제시되어 있다.

a. अस्ति गङ्गायां कुम्भीरः ।

b. वानरस्तस्य मित्रं गङ्गायासतटे वसति ।

c. प्रतिदिनं वानरः पक्वानि फलानि निक्षिपति ।

d. कुम्भीरः फलानि खादति ।

e. वानरस्य हृदयं मिष्टमस्तीति कुम्भीरस्य भार्या वदति ।

f. भार्या हृदयं खादितुमिच्छति ।

g. अहो वानर मम गृहमागच्छेति कुम्भीरो वानरं वदति ।

h. एवमास्त्विति वानरो वदति ।

i. तस्य पृष्ठे कुम्भीरो वानरं वहति ।

j. गङ्गाया मध्ये कुम्भीरः सत्यं वदति ।

k. मम हृदयं वृक्षे भवतीति वानरो भाषते ।

l. पुनर्मां तत्र नयेति वानरो भाषते ।

m. कुम्भीरो वानरं गङ्गायासतटे नयति ।

n. वानरो वृक्षमुच्छलति ।

o. वानरो वृक्षस्य बिले पश्यति ।

p. कश्चिन्मम हृदयं चोरयति स्मेति वानरो वदति ।

q. एवं कुम्भीरो वानरश्च मित्रे तिष्ठतः ।

어휘

a. gaṅgā (f. ā곡용) 갠지스강
kumbhīraḥ (m.) 악어

b. mitram (n.) 친구
vānaraḥ (m.) 원숭이. 처음에는 동격으로 나타난다(그의 친구, 원숭이)
taṭaḥ (m.) 강 언덕

c. pratidinam (ind.) 매일
pakva mf(ā)n (a.) 익은
nikṣipati (3, sg.) 던진다

d. khādati (3, sg.) 먹는다

e. hṛdayam (n.) 심장
miṣṭa nf(ā)n (a.) 맛있는
bhāryā (f. ā 곡용) 아내

f. khāditum (부정사 - 목적격처럼 취급한다) 먹다
icchati (3, sg.) 원하다 (khāditum icchati 그는 먹기를 원한다)

g. āgaccha (2, sg. 명령법)

h. evam astu (ind.) 좋아, 그래

i. pṛṣṭam (n.) 등
vahati (3, sg.) 옮기다

j. madhyam (n.) 중간

k. vṛkṣaḥ (m.) 나무

l. nayati (3, sg.) 그가 데리고 가다. 2인칭 명령법은 naya (iti와 결합하여 nayeti가 되었다)

n. ucchalati (3, sg.) 뛰어오르다

o. bilam (n.) 구멍

p. kaḥ (m. pron.) 누구
cit (ind.) (kaḥ를 부정사로 만든다
corayati (3, sg.) 훔치다
sma (ind.) 동사 뒤에 붙어서 그 동사의 의미를 과거로 바꾼다

q. tiṣṭhati (3, sg.) 서있다

12과

문자　숫자, 기수사와 서수사

문법　단모음 i로 끝나는 명사의 곡용과 절대분사

어휘　단모음 i로 끝나는 명사

문자

01 다음은 숫자(saṃkhyā)와 1에서 10까지의 기수사이다. 괄호 안에 있는 것은 숫자의 다른 서법이다.

숫자

숫자 아라비아숫자	데바나가리	기수사 한국어	산스크리트	
1	१	하나	एक	eka
2	२	둘	द्वि	dvi
3	३	셋	त्रि	tri
4	४	넷	चतुर्	catur
5	५ (५)	다섯	पञ्च	pañca
6	६	여섯	षष्	ṣaṣ
7	७	일곱	सप्त	sapta
8	८ (८)	여덟	अष्ट	aṣṭa
9	९ (९)	아홉	नव	nava
10	१०	열	दश	daśa

02 데바나가리 숫자는 아라비아 숫자와 똑같이 결합한다(원래 아라비아 숫자가 산스크리트에서 유래한 것이기 때문이다).

11	११
12	१२
13	१३
20	२०

03 기수사는 곡용이 복잡하므로 지금은 문장 속에서 기수사(eka, dvi 등)를 사용하지 않을 것이다. 연습문제에서 각 문장의 끝에서는 산스크리트 숫자를 사용할 것이다.

04 다음은 서수사이다.

첫째	prathama	여섯째	ṣaṣṭha
둘째	dvitīya	일곱째	saptama
셋째	tṛtīya	여덟째	aṣṭama
넷째	caturtha(turīya)	아홉째	navama
다섯째	pañcama	열째	daśama

05 서수는 기수보다 곡용이 간단하기 때문에 연습문제에서 사용될 것이다. 서수는 수식하는 명사 앞에서 형용사처럼 사용되고, 성과 격에서 그것과 일치한다. 수는 단수이다.

06 서수는 남성과 중성에서는 단모음 a로 끝나는 명사의 곡용에 따른다. 다음은 여성어간이다(여성 ī는 제13과에서 배울 것이다).

첫째	prathamā	여섯째	ṣaṣṭhī
둘째	dvitīyā	일곱째	saptamī
셋째	tṛtīyā	여덟째	aṣṭamī
넷째	caturthī (turīyā)	아홉째	navamī
다섯째	pañcamī	열째	daśamī

데바나가리 숫자와 다른 문자의 숫자 비교

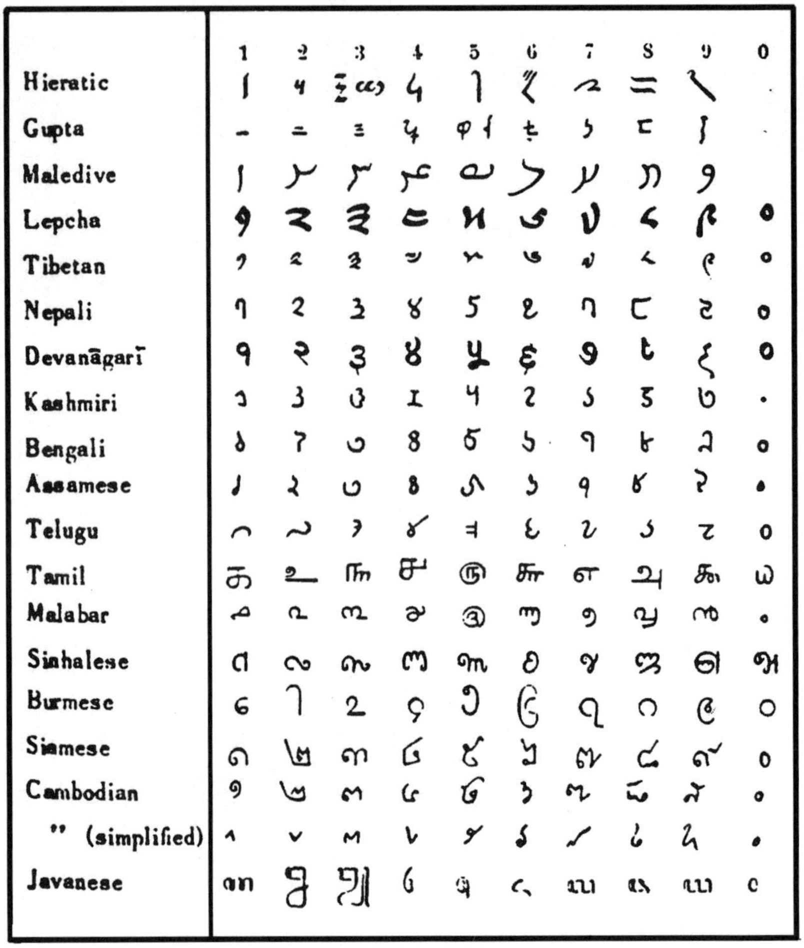

1 2 3 4 5 6 7 8 9 0
Hieratic
Gupta
Maledive
Lepcha
Tibetan
Nepali
Devanāgarī
Kashmiri
Bengali
Assamese
Telugu
Tamil
Malabar
Sinhalese
Burmese
Siamese
Cambodian
" (simplified)
Javanese

07 산스크리트 기수와 다른 라틴 계통 언어의 기수 비교

산스크리트	영어	이태리어	프랑스어	스페인어
eka	one	uno	un	uno
dvi	two	due	duex	dos
tri	three	tre	trois	tres
catur	four	quattro	quatre	cautro
pañca	five	cinque	cinq	cinco
ṣaṣ	six	sei	six	seis
sapta	seven	satte	sept	siete
aṣṭa	eight	otto	huit	ocho
nava	nine	nove	neuf	nueve
daśa	ten	dieci	dix	diez

문법

01 다음은 단모음 i로 끝나는 남성과 여성 명사의 곡용이다. 양자는 복수 목적격과 단수 구격에서 차이가 난다.

i로 끝나는 명사

어간 : agni(m.) 불 ; kīrti(f.) 명성

	단수	양수	복수
주격	अग्निः agniḥ	अग्नी agnī	अग्नयः agnayaḥ
목적격	अग्निम् agnim	अग्नी agnī	अग्नीन् कीर्तिः agnīn / kīrtiḥ
구격	अग्निना कीर्त्या agninā / kīrtyā	अग्निभ्याम् agnibhyām	अग्निभिः agnibhiḥ
여격	अग्नये कीर्त्यै agnaye / kīrtyai	अग्निभ्याम् agnibhyām	अग्निभ्यः agnibhyaḥ
탈격	अग्नेः कीर्त्याः agneḥ / kīrtyāḥ	अग्निभ्याम् agnibhyām	अग्निभ्यः agnibhyaḥ
속격	अग्नेः कीर्त्याः agneḥ / kīrtyāḥ	अग्न्योः agnyoḥ	अग्नीनाम् agnīnām
처격	अग्नौ कीर्त्याम् agnau / kīrtyām	अग्न्योः agnyoḥ	अग्निषु agniṣu
호격	अग्ने agne	अग्नी agnī	अग्नयः agnayaḥ

02 단수 여격, 탈격, 속격 그리고 처격은 선택적 여성형을 갖는다. 예를 들면 여성 여격 단수는 kīrtaye 또는 kīrtyai로도 쓸 수 있다. 여성 구격 단수는 kīrtyā 뿐이다.

동명사
(Gerund)

03 이 과에서는 동명사를 배운다. 동명사는 분사(participle)의 한 종류이다. 분사는 동사로부터 형성되지만 인칭 어미(tiṅ)를 취하지 않는다. 동명사(ktvānta)는 선행하는 행위를 나타낸다. '라마는 말한다. 그리고 간다'라는 문장은 동명사를 사용하여 나타낼 수 있다. 곧 '말한 후에 라마는 간다'. 여기서 '말한 후'라는 구문이 동명사이다.

uditvā rāmo gacchati
말한 후 라마는 간다
(동명사)

04 동명사는 행위의 계속을 나타내므로 계속분사(continuative participle) 또는 접속분사(conjunctive participle)라고도 부른다.

05 동명사는 오직 하나의 주어와 함께 사용한다.

06 동명사는 본동사가 과거건, 현재건, 미래건 본동사보다 먼저 행한 행위를 나타낸다. 복수의 동명사를 사용할 수 있지만 반드시 본동사를 수반해야 한다. 각각의 동명사는 이후에 오는 동명사보다 시간적으로 선행하고 본동사는 시간적으로 가장 늦다. 이는 문장 안의 위치에서도 마찬가지로 적용된다.

gajaṃ dṛṣṭvā jalaṃ labdhvā rāmo gacchati
코끼리를 본 뒤 물을 얻고 라마는 간다.

07 동명사는 몇 가지 번역이 가능하다.

코끼리를 보면서, 물을 얻으면서 라마는 간다.
코끼리를 본 후, 물을 얻은 후 라마는 간다.

08 동명사와 관련 있는 모든 것, 예를 들어 목적격 등은, 대개 동명사 바로 앞에 온다(6. 예문 참고).

09 동명사는 활용을 하지 않으므로 쉽게 알아볼 수 있다. 또 활용을 하지 않기 때문에 절대분사라고도 한다. 동명사는 보통 동사 어근에 -tvā(파니니는 ktvā라 불렀다)를 붙여서 형성한다. 만약 동사 어근에 접두사가 붙어있을 경우는 -ya(파니니는 lyap라 불렀다)를 붙인다.

10 다음은 몇 가지 동명사이다(√as는 동명사가 없다).

어근	3인칭 단수	동명사	
ā+√gam	āgacchati	āgamya (āgatya도)	오고서
√gam	gacchati	gatvā	가고서
√cint	cintayati -te	cintayitvā	생각하고서
√ji	jayati	jitvā	정복하고서
√dṛś(paś)	paśyati	dṛṣṭvā	보고서
√paṭh	paṭhati	paṭhitvā	읽고서
√prach	pṛcchati	pṛṣṭvā	묻고서
√bhāṣ	bhāṣate	bhāṣitvā	말하고서
√bhū	bhavati	bhūtvā	있고서
√man	manyate	matvā	생각하고서
√labh	labhate	labdhvā	얻고서
√vad	vadati	uditvā	말하고서
√vas	vasati	uṣitvā	살고서
√sev	sevate	sevitvā	봉사하고서
√sthā	tiṣṭhati	sthitvā	서 있고서
√smṛ	smarati	smṛtvā	웃고서

어휘

산스크리트		한국어
अग्निः	agniḥ(m.)	불, 화신
अतिथिः	atithiḥ(m.)	손님
ऋषिः	ṛṣiḥ(m.)	현자, 성인
कविः	kaviḥ(m.)	시인
कीर्तिः	kīrtiḥ(f.)	명성, 칭찬
भूमिः	bhūmiḥ(f.)	땅
शान्तिः	śāntiḥ(f.)	평화, 적정
सिद्धः	siddhaḥ(m.)	완성을 얻은 자
सिद्धा	siddhā(f.)	완성을 얻은 자
सिद्धिः	siddhiḥ(f.)	완성, 성취, 증명

연습문제 **01** 다음 문장을 교재 뒤에 있는 어휘와 표를 사용하여 한국어로 번역하라.

a. अग्निं दृष्ट्वा गृहादश्वो गच्छति ।१।

b. शिष्यो ग्रामे वसति ।२।

c. ऋषयः शास्त्राणां सूक्तानि पश्यन्ति ।३।

d. नृपो दशममतिथिं सेवते ।४।

e. ग्रामं जित्वा वीरः कीर्तिं लभते ।५।

f. सिद्धो ग्रामे वसति ।५।

g. अहो राम कुत्र गच्छसीति द्वितीयो वीरः पृच्छति ।६।

h. पुस्तकं पठित्वा कविस्तच्चिन्तयति ।८।

i. सत्येन सह शान्तिरागच्छति ।९।

j. भूमौ वसाम इति प्रजा वदन्ति ।१०।

02 다음 문장을 산스크리트로 번역하라.

a. 군대를 정복한 뒤 영웅은 지상에서 명성을 얻는다.

b. 시타와 라마처럼 학생은 숲 속으로 간다.

c. 그녀의 세 번째 손님을 모신 후 시타는 라마에게 말한다.

d. 이야기에서 라마는 명성을 얻는다.

e. 영웅은 무지를 정복하지 못한다.

f. 라마라는 왕은 매우 덕망이 있다.

g. “당신은 어떻게 완성을 얻습니까?” 두 번째 학생이 묻는다.

h. 그의 부인과 함께 숲 속에서 산 뒤 라마라는 이름의 왕은 마을로 간다.

i. 평화, 완성 그리고 영예를 얻은 뒤 현자는 아름다운 숲으로 간다.

j. 이와 같이 코끼리 위에 있는 그의 부인을 본 후 영웅은 그녀에게 간다.

13 과

문자 모음 연성법

문법 ī로 끝나는 여성명사

관계절과 상관절

어휘 장모음 ī로 끝나는 명사

관계부사와 상관부사

문자

01 모음계차 : 다음 도표는 모음이 종종 겪는 변화를 나타낸 것이다. 이들 변화들을 구나(guṇa)와 브릇디(vṛddhi)라고 부른다.

모음연성

		i , ī	u , ū	ṛ	ḷ
구나	a	e	o	ar	al
브릇디	ā	ai	au	ār	
대응하는 반모음		y	v	r	l

02 이 중요한 도표는 내연성과 외연성에서 모음이 어떻게 변화하는가를 이해하는데 도움을 줄 것이다. 또 나중에 동사와 명사의 활용과 곡용에서 구나와 브릇디에 의해 어근이 강화되는 법을 이해하는 데 도움이 될 것이다. 예를 들어

어근	구나	브릇디
√vid	veda	vaidya
√div	deva	daivika
√yuj	yoga	yaugika
√dhṛ	dharma	dhārmika

03 먼저 위의 표를 기억하고 다음으로 아래의 모음 연성법을 기억해야 한다.

04 같은 종류의 모음

a/ā + a/ā = ā	राम + अश्वः	= रामाश्वः
	rāma + aśvaḥ	rāmāśvaḥ
i/ī + i/ī = ī	गच्छति + इति	= गच्छतीति
	gacchati + iti	gacchatīti
u/ū + u/ū = ū	गुरु + उप	= गुरूप
	guru + upa	gurūpa
ṛ/ṝ + ṛ/ṝ = ṝ	पितृ + ऋषि	= पितॄषि
	pitṛ + ṛṣi	pitṝṣi

이 규칙을 먼저 적용한 뒤 다음 규칙을 적용한다.

05 다른 종류의 모음

i/ī + 모음 = y모음 (‘모음’이란 모든 모음임)

गच्छति + अश्वम् = गच्छत्यश्वम्

gacchati + aśvam = gacchaty aśvam

u/ū + 모음 = v모음

गुरु + अश्वम् = गुर्वश्वम्

guru + aśvam = gurv aśvam

ṛ + 모음 = r모음

पितृ + अत्र = पित्रत्र

pitṛ + atra = pitr atra

06 e + a = e '

ग्रामे + अत्र = ग्रमेऽत्र

grāme + atra = grāme 'tra

e + 모음 = a 모음

ग्रमे + इति = ग्रम इति

grāme + iti = grāma iti

o는 연성이 적용되기 전에는 어말에 거의 나타나지 않는다.

07 ai + 모음 = ā 모음

तस्मै + अत्र = तस्मा अत्र

tasmai + atra = tasmā atra

au + 모음 = āv모음

गजौ + इति = गजाविति

gajau + iti = gajāv iti

08 어말 a 다음에 다른 종류의 모음이 오는 경우

a/ā + i/ī = e

तत्र + इति = तत्रेति

tatra + iti = tatreti

a/ā + u/ū = o	कठ + उपनिषद् kaṭha + upaniṣad	= कठोपनिषद् kaṭhopaniṣad
a/ā + ṛ = ar	सत्य + ऋतम् satya + ṛtam	= सत्यर्तम् satya rtam
a/ā + e , ai = ai	तत्र + एव tatra + eva	= तत्रैव tatraiva
a/ā + o , au = au	अत्र + ओकः atra + okaḥ	= अत्रौकः atraukaḥ

09 어떤 모음에는 연성법을 적용하지 않는다.

a. ī, ū, e가 양수 어미를 이룰 때.

예를 들어, bāle āgacchataḥ(두 소녀가 온다)는 연성법을 적용할 필요가 없다.

b. 감탄사일 경우(주로 a로 끝난다).

예를 들어, aho aśva(오 말이여!)는 연성법을 적용할 필요가 없다.

문법

ī로 끝나는 여성명사

01 다음은 ī로 끝나는 여성명사의 곡용형이다.

어간 : nadī(f.) 강

	단수	양수	복수
주격	नदी nadī	नद्यौ nadyau	नद्यः nadyaḥ
목적격	नदीम् nadīm	नद्यौ nadyau	नदीः nadīḥ
구격	नद्या nadyā	नदीभ्याम् nadībhyām	नदीभिः nadībhiḥ
여격	नद्यै nadyai	नदीभ्याम् nadībhyām	नदीभ्यः nadībhyaḥ
탈격	नद्याः nadyāḥ	नदीभ्याम् nadībhyām	नदीभ्यः nadībhyaḥ
속격	नद्याः nadyāḥ	नद्योः nadyoḥ	नदीनाम् nadīnām
처격	नद्याम् nadyām	नद्योः nadyoḥ	नदीषु nadīṣu
호격	नदि nadi	नद्यौ nadyau	नद्यः nadyaḥ

관계절과 상관절

02 이 과에서는 관계절과 상관절을 배울 것이다. 영어의 경우 "I see where the king lives"라는 문장은 두 개의 독립된 절 'I see'와 'where the king lives'를 포함하고 있다. 'where the king lives'는 종속절 곧 관계절이고, 'I see'는 주절 곧 상관절이다.

I see	where the king lives
상관절	관계절

03 산스크리트에서는 대개 관계절이 먼저 오고 상관절이 뒤에 온다. 관계절은 관계부사로 시작하고, 상관절은 상관부사로 시작한다.

where the king lives,	there I see
관계절	상관절

where the king lives,	there I see
관계부사	상관부사

yatra nṛpo vasati	tatra ahaṃ paśyāmi
관계절	상관절

yatra nṛpo vasati	tatra ahaṃ paśyāmi
관계부사	상관부사

04 다음은 관계부사와 그들의 상관부사이다(이들은 곡용을 하지 않는다)

yataḥ	~이므로, ~때	tataḥ	그러므로
yatra	~ 한 곳에	tatra	그 곳에
yathā	~하듯이, ~이므로	tathā	그렇게, 그러므로
yadā	~할 때	tadā	그때
yadi	만약 ~라면	tadā	그러면

05 다음은 예문이다.

그가 가는 때, 그때 나는 기억한다.
yadā gacchati tadā smarāmi

네가 간다면, 그러면 나도 갈 것이다.
yadi gacchasi tadā gacchāmi

숲이 있는 곳, 그 곳에서 너는 과일들을 얻는다.
yatra vanam asti tatra phalāni labhase

06 또한 관계대명사(yad : who)와 상관대명사(tad : he)가 있다. 이 구문은 예를 들어 다음 영어 문장을 번역하는데 사용할 수 있다.

The man who goes is the king
관계절

07 산스크리트에서 관계절은 관계대명사 yad를 포함하고, 상관절은 상관대명사 tad를 포함하고 있다. 때때로 상관대명사는 생략될 수도 있다. 대명사 yad는 tad의 곡용에 따른다(p. 178을 보라). 이하에서는 설명의 편의상 영어 문장을 예로 들어 설명한다.

who man goes,	he is the king
관계절	상관절

yo naro gacchati	sa nṛpo 'sti
관계절	상관절

08 yo(who)와 sa(he)는 다음에 오는 사람(선행사)을 지시한다. 영어에서는 선행사가 관계대명사(who) 직전에 오지만, 산스크리트에서는 선행사는 대개 관계대명사(yad) 또는 상관대명사(tad)의 뒤에 온다.

<u>who man goes,</u> <u>he is the king.</u>
yo <u>naro</u> gacchati sa nṛpo 'sti
선행사

혹은

who goes, that man is the king
yo gacchati sa <u>naro</u> nṛpo 'sti
선행사

09 관계대명사와 상관대명사는 선행사의 성과 수에 일치한다. 선행사의 격은 문장안의 역할에 의존한다.

I see the man who is going. (아래와 같이 바꾼다)
which man is going, him I see

yo <u>naro</u> gacchati **taṃ paśyāmi**
선행사

관계절	상관절

혹은

who is going, that man I see

yo gacchati **taṃ <u>naraṃ</u> paśyāmi**
선행사

관계절	상관절

The king sees the elephant on which I stand. (아래와 같이 바꾼다)
on which elephant I stand, him the king sees

yasmin <u>gaje</u> tiṣṭhāmi **taṃ nṛpaḥ paśyati**
선행사

관계절	상관절

혹은

on which I stand, that elephant the king sees

yasmiṃs tiṣṭhāmi **taṃ <u>gajaṃ</u> nṛpaḥ paśyati**
선행사

관계절	상관절

10 관계대명사(yad)와 상관대명사(tad)는 성과 수에서 서로 일치하지만, 격은 다를 수 있다는 것에 주의하라. 선행사처럼 관계사와 상관사는 문장안에서 역할에 따라 결정되는 격을 취한다.

I see the man with whom Rāma goes. (아래와 같이 바꾼다)
with which man Rāma goes, him I see

येन नरेण सह रामो गच्छति तमहं पश्यामि ।
yena nareṇa saha rāmo gacchati tam ahaṃ paśyāmi

혹은
with whom Rāma goes, that man I see

येन रामो गच्छति तं नरमहं पश्यामि ।
yena rāmo gacchati taṃ naram ahaṃ paśyāmi

Rāma lives in the village from which I am coming. (아래와 같이 바꾼다)
from which village I am coming, in it Rāma lives

यस्माद्ग्रामादागच्छामि तस्मिन्रामो वसति ।
yasmād grāmād āgacchāmi tasmin rāmo vasati

혹은
from which I am coming in that village Rāma lives

यस्मादागच्छामि तस्मिन्ग्रमे रामो वसति ।
yasmād āgacchāmi tasmin grāme rāmo vasati

yad 남성

11 대명사 yad는 tad(m, f. n.)의 곡용에 따른다. 단 남성 주격 단수는 정상적인 연성법을 따른다. 그러므로 tad의 남성 단수 주격은 뒤에 a가 올 경우는 so ’가 되고 그 나머지 경우는 sa가 되지만, yad는 뒤에 a가 올 경우는 yo ’가 되고 a 이외의 유성음이 올 경우는 yo가 되며 그 나머지는 yaḥ가 된다. 다음은 yad의 곡용형이다.

어간 : yad(m.) 누구, 무엇, 어떤 것

	단수	양수	복수
주격(who)	यः yaḥ	यौ yau	ये ye
목적격(whom)	यम् yam	यौ yau	यान् yān
구격(with whom)	येन yena	याभ्याम् yābhyām	यैः yaiḥ
여격(for whom)	यस्मै yasmai	याभ्याम् yābhyām	येभ्यः yebhyaḥ
탈격(from whom)	यस्मात् yasmāt	याभ्याम् yābhyām	येभ्यः yebhyaḥ
속격(whose)	यस्य yasya	ययोः yayoḥ	येषाम् yeṣām
처격(on whom)	यस्मिन् yasmin	ययोः yayoḥ	येषु yeṣu

어휘

산스크리트		한국어
धार्मिकी	dhārmikī(f. adj.)	덕망있는
नदी	nadī(f.)	강
पत्नी	patnī(f.)	아내
मित्रम्	mitram(n.)	친구
यद्	yad(pron.)	누구, 무엇, 어떤 것
वापी	vāpī(f.)	연못
सुन्दरी	sundarī(f. adj.)	아름다운

산스크리트		한국어	산스크리트		한국어
(관계부사)			(상관부사)		
यतः	yataḥ	~이므로, ~때	ततः	tataḥ	그러므로
यत्र	yatra	~한 곳에	तत्र	tatra	그 곳에
यथा	yathā	~하듯이,~이므로	तथा	tathā	그렇게, 그러므로
यदा	yadā	~할 때	तदा	tadā	그때
यदि	yadi	~라면	तदा	tadā	그러면, 그때

연습문제 **01** 다음을 한국어로 번역하라.

a. यत्र शान्तिस्तत्र सिद्धिः ।१।

b. या मम पत्न्याः पुत्रिकास्ति सा बालात्र वसति ।२।

c. सीता सुन्दरी नृपस्य पुत्रिकास्तीति रामो वदति ।३।

d. यथाश्वा अत्र नागच्छन्ति तथा नरा बालश्च तत्र गच्छन्ति ।४।

e. नदीं गत्वा मित्रे पुस्तकानि पठतः ।५।

f. यदा सेना नृपं सेवते तदा धार्मिको नृपो जयति ।६।

g. यदि नरः सिद्धिं लभते तदा स ऋषिर्भवते ।७।

h. यस्तस्यातिथिर्भवति तस्मै बालाय कविः कथां पठति ।८।

i. नरो मित्रेण सह सुन्दरीं नदीं गच्छति ।९।

j. यस्मादहमागच्छामि तं ग्रामं वीरः स्मरति ।१०।

02 다음을 산스크리트로 번역하라.

a. 소년은 강으로부터 물을 얻는다.

b. 부인은 연못에 있는 과일을 본다.

c. 화환을 얻은 뒤 우리 손님은 마을로 간다.

d. 그의 부인이 그를 섬길 때 그는 왕처럼 산다.

e. 라마의 부인인 시타는 땅에서 명성을 얻는다.

f. 덕망있는 왕은 오고 있는 소년을 본다.

g. 생각한 뒤 그 학생은 강에 대해 시인에게 묻는다.

h. 저 아름다운 부인은 고통 없이 산다.

i. 보는 사람에게 무지는 그림자와 같다.

j. 왕의 딸이 올 때 백성들은 서 있다.

14 과

문자　어말 ḥ의 연성법

문법　동사 접두사와 과거 파라스마이파다

어휘　동사

문자

어말 ḥ의 연성법

이 과에서는 ḥ로 끝나는 단어의 연성법을 외워야 한다. 이 연성법은 이미 9과에서 도표로 제시되었다. 9과에서 제시된 두 개의 도표는 같은 연성법을 나타낸 것이지만 두 번째 도표의 체계를 따르는 것이 더 쉬울 것이다. 앞 단어는 ḥ로 끝나지만 뒷 단어는 모든 문자로 시작할 수 있다. 도표는 세 부분으로 나뉘어 있다. 도표는 뒷 단어의 첫 문자가 속하는 그룹에 따라 배열되어 있다. 다음은 이 연성법을 익히기 위해 문자를 분류한 한 가지 방법이다.

a	ā	
i	ī	
u	ū	
ṛ	ṝ	(a) 모음
ḷ		
e	ai	
o	au	

ka	kha		ga	gha	ṅa	
ca	cha		ja	jha	ña	
ṭa	ṭha		ḍa	ḍha	ṇa	
ta	tha		da	dha	na	
pa	pha		ba	bha	ma	
			ya	ra	la	va
śa	ṣa	sa	ha			
	휴지위치					
(c) 무성 자음			(b) 유성자음			

(a) 뒷 단어가 모음으로 시작할 경우 네 가지 규칙이 있다.
두 번째 단어는 다음 모음 중 하나로 시작한다.

a	ā
i	ī
u	ū
ṛ	ṝ
ḷ	
e	ai
o	au

(1) 앞 단어가 aḥ로 끝나고 뒷 단어가 a로 시작할 경우 aḥ는 o로 변하고 a는 탈락한다(로마자로는 어포스트로피로 탈락한 것을 표시하고 데바나가리로는 avagraha로 표시한다). 예를 들어,

aḥ + a = o '

रामः + अत्र = रामोऽत्र

rāmaḥ + atra rāmo 'tra

(2) 앞 단어가 aḥ로 끝나고 뒷 단어가 a를 제외한 다른 모음으로 시작하면 aḥ는 a가 된다.

aḥ + 모음 = a 모음

रामः + आगच्छति = राम आगच्छति

rāmaḥ + āgacchati rāma āgacchati

(3) 앞 단어가 āḥ로 끝나고 뒷 단어가 모음으로 시작하면 āḥ는 ā가 된다.

āḥ + 모음 = ā 모음

नराः + इति = नरा इति

narāḥ + iti narā iti

(4) 앞 단어가 a나 ā를 제외한 나머지 모음 다음에 ḥ로 끝나고 뒷 단어가 모음으로 시작하면 ḥ는 r로 변한다. 예를 들어

oḥ +모음 = or 모음

नद्योः + अत्र = नद्योरत्र

nadyoḥ + atra nadyor atra

(b) 뒷 단어가 유성 자음으로 시작할 경우에는 세 가지 규칙이 있다. 두 번째 단어는 다음 자음으로 시작한다.

ga	gha	ṅa	
ja	jha	ña	
ḍa	ḍha	ṇa	
da	dha	na	
ba	bha	ma	
ya	ra	la	va
ha			

(1) 앞 단어가 aḥ로 끝나면 aḥ는 o로 변한다.

aḥ + 유성 자음 = o 유성 자음

रामः + गच्छति = रामो गच्छति

rāmaḥ + gacchati rāmo gacchati

(2) 앞 단어가 āḥ로 끝나면 ā가 된다.

āḥ + 유성 자음 = ā 유성 자음

नराः + गच्छन्ति = नरा गच्छन्ति

narāḥ + gacchanti narā gacchanti

(3) 앞 단어가 a / ā를 제외한 나머지 모음 다음에 ḥ로 끝날 경우 ḥ는 r가 된다(단 뒷 단어가 r로 시작할 때는 제외한다). 예를 들어

oḥ + 유성 자음 = or 유성자음

नरयोः + गच्छति = नरयोर्गच्छति

narayoḥ + gacchati narayor gacchati

r가 중복되는 일은 일어나지 않는다. 뒷 단어가 r로 시작할 경우는 앞의 r는 탈락하고 선행하는 모음이 단모음일 경우는 장모음화 한다.

(2)와 (3)은 (a)의 (3)과 (4)에 유사하는데 유의하라.

(c) 세 번째 그룹은 뒷 단어가 무성 자음으로 시작하는 경우이다. 이 그룹에 대한 규칙은 앞 단어의 ḥ가 어떤 모음 뒤에 오던 동일하다. 여기에는 네 가지 규칙이 있다.

두 번째 단어는 다음 자음으로 시작한다

ka	kha		
ca	cha		
ṭa	ṭha		
ta	tha		
pa	pha		
śa	ṣa	sa	휴지위치

(1) 뒷 단어가 ca나 cha로 시작하면 ḥ는(그 앞에 어떤 모음이 있던) ś로 변한다. 예를 들어

aḥ + ca = aśca

रामः + च = रामश्च

rāmaḥ + ca rāmaś ca

(2) 뒷 단어가 ṭa나 ṭha로 시작하면 ḥ는 ṣ로 변한다.

aḥ + ṭa = aṣṭa

रामः + टीका = रामष्टीका

rāmaḥ + ṭīkā rāmaṣ ṭīkā

(3) 뒷 단어가 ta 나 tha로 시작하면 ḥ는 s로 변한다.

aḥ + ta = asta

रामः + तत्र = रामस्तत्र
rāmaḥ + tatra rāmas tatra

위 세 가지 규칙은 데바나가리 문자를 이용하면, 시각적으로 쉽게 기억될 것이다. 어떤 경우든 ḥ는 각 문자, 곧 구개음(ca, cha), 권설음(ṭa, ṭha), 혹은 치음(ta, tha)에 대응하는 치찰음으로 변한다.

श्च	श्छ	ष्ट	ष्ठ	स्त	स्थ
śca	ścha	ṣṭa	ṣṭha	sta	stha

(4) 다른 모든 무성 자음(ka, kha, pa, pha, śa, ṣa, sa) 앞에서는 ḥ는 변화하지 않는다. 휴지 위치에서도 역시 변화없다. 예를 들어,

aḥ + k = aḥ k

रामः + कुत्र = रामः कुत्र
rāmaḥ + kutra rāmaḥ kutra

문법

동사접두사

01 동사 접두사(upasarga)는 동사 앞에 놓여, 동사의 기본적인 의미를 변화시킨다. 산스크리트의 동사 접두사는 영어의 동사 접두사와 유사하게 사용된다. 예를 들어 'receive' 또는 'perceive'와 같다. 우리는 이미 '간다(gacchati)'라는 뜻을 '온다(āgacchati)'로 변화시키는 ā라는 접두사를 배웠다.

02 이 과에서는 두 개의 접두사를 더 배운다.

upa	~를 향해, ~에 가까이
upagacchati	~를 향해가다, ~에 가까이 가다
prati	뒤로, 대(립)하여
pratigacchati	뒤로 가다, 돌아오다

과거

03 과거시제(laṅ)는 과거의 행위를 지시한다. 과거형은 전통적으로 '오늘 이전(anadyatana)'에 행해진 행위 곧 과거를 묘사한다. 과거형은 현재 어간에 전철(augment, āgama) a를 붙여서 만든다. 전철 a는 "과거 시제를 만드는 것(bhūta-karaṇa)"이라 불린다. 과거형은 2차 어미 혹은 과거 어미라고 불리는 약각 다른 인칭어미를 사용한다. 예를 들어

a + gaccha	+ t	⇒	agacchat	그는 갔다
a + vada	+ t	⇒	avadat	그는 말했다.

04 다음은 파라스마이파다 동사의 과거형이다.

	단수	양수	복수
3인칭	अगच्छत् agacchat	अगच्छताम् agacchatām	अगच्छन् agacchan
2인칭	अगच्छः agacchaḥ	अगच्छतम् agacchatam	अगच्छत agacchata
1인칭	अगच्छम् agaccham	अगच्छाव agacchāva	अगच्छाम agacchāma

05 다음은 우리가 이미 배운 현재 직설법 어미이다. 과거 어미는 이와 유사하지만 좀더 축약되었다는데 주목하라.

	단수	양수	복수
3인칭	गच्छति gacchati	गच्छतः gacchataḥ	गच्छन्ति gacchanti
2인칭	गच्छसि gacchasi	गच्छथः gacchathaḥ	गच्छाथ gacchatha
1인칭	गच्छामि gacchāmi	गच्छावः gacchāvaḥ	गच्छामः gacchāmaḥ

06 과거형임을 표시하는 전철 a는 접두사 뒤 어간 앞에 위치한다. 연성법칙이 또한 여기에 적용된다. 다음을 주의깊게 살펴보라.

प्रति + अ + गच्छ + त् = प्रत्यगच्छत्
prati + a + gaccha + t pratyagacchat 그는 돌아왔다.

उप + अ + गच्छ + त् = उपागच्छत्
upa + a + gaccha + t upāgacchat 그가 다가갔다.

आ + अ + गच्छ - अ + अम् = आगच्छम्
ā + a + gaccha - a + am āgaccham 나는 왔다.

07 접두사가 동사어간으로 하여금 파라스마이파다 어미를 취하게 할 것인지 아트마네파다 어미를 취하게 할 것인지 영향을 미치는 경우가 있다. 이는 사전을 찾아보면 알 수 있다.

어휘

산스크리트		한국어
आ + नी	आनयति	
ā+√nī(P.)*	ānayati	그는 가져온다
उप + गम्	उपगच्छति	
upa+√gam(P.)	upagacchati	그는 앞으로 간다. 접근하다
गुप्	गोपायति	
√gup(P.)	gopāyati	그는 보호한다
नी	नयति	
√nī(U.)*	nayati -te	그는 인도한다
पा	पिबति	
√pā(P.)	pibati	그는 마신다
प्रति + गम्	प्रतिगच्छति	
prati+√gam(U.)	pratigacchati -te	그는 돌아간다, 되돌아오다
बुध्	बोधति	
√budh(U.)	bodhati -te	그는 안다
हस्	हसति	
√has(P.)	hasati	그는 웃는다

이들 동사의 동명사는 교재 뒤(p.295-6)에 실려 있다. 동사가 접두어를 가질 때는 tvā 대신 ya로 동명사를 만든다는 것을 기억하라.

* √nī와 √budh는 파라스마이파다와 아트마네파다를 모두 취할 수 있지만, ā+√nī는 파라스마이파다를 취한다는 것에 유의하라.

연습문제

01 앞 단어가 ḥ로 끝날 때 일어나는 연성법을 기억하라.

02 파라스마이파다 과거형 어미를 기억하라.

03 다음의 산스크리트를 한국어로 번역하라.

a. यदा शिष्यो जलमानयति तदाचार्यस्तत्पिबति ।१।

b. बालो वापीं गजाननयत् ।२।

c. यो नरो ग्राममुपगच्छति तं कविर्वदति ।३।

d. वीरः कुपितान्नृपाद्ग्रामं गोपायतीति रामेऽवदत् ।४।

e. वाप्यां गजं दृष्ट्वर्षिरहसदहसच्च ।५।

f. सुन्दरीं तव पत्नीं बोधामीति कन्या वीरमवदत् ।६।

g. यस्मिन्गृहे पत्न्यवसत्तत्सा प्रत्यगच्छत् ।७।

h. ऋषिः शान्तिं सत्यं सिद्धिममृतं सुखं च बोधति ।८।

i. वीरः सेनाया ग्राममगोपायत् ।९।

j. सुन्दरं नृपं दृष्ट्वा बालोऽहसत् ।१०।

04 다음 문장을 산스크리트로 번역하라.

a. 시인은 물을 마시는 것처럼 책을 읽었다.

b. "어떻게 나는 군대로부터 마을을 보호합니까?" 영웅은 물었다.

c. 현자들은 어떻게 불이 없이 살았습니까?

d. 말들이 강으로 되돌아 오면, 그때 소년은 그들을 숲으로 인도한다 (2중 목적격 사용).

e. 사람이 괴로움을 알지 못할 때, 그때 그는 완성에 접근한다.

f. 라마라는 왕은 그의 아내 시타에게 화환을 가져왔다.

g. 지식에 의해 사람은 무지를 정복한다.

h. 강으로부터 가져 온 물을 아이가 마셨다.

i. 소녀는 강을 본 후 그녀의 집으로 돌아 갔다.

j. 소년은 말들을 숲에서 강까지 인도하였다(이중 목적격 사용).

15 과

문자　어말 m의 연성법

문법　동사 접두사와 과거 아트마네파다

어휘　동사

문자

어말m의 연성법

01 앞 단어가 m으로 끝날 때는 두 가지 규칙뿐이다.

(a) 뒷 단어가 자음으로 시작할 때 m는 ṃ가 된다. ṃ는 뒷 단어의 첫 글자에 상응하는 비음으로 발음되거나 또 그렇게 쓸 수도 있다.

पुत्रम् + गच्छामि = पुत्रं गच्छामि

putram + gacchāmi putraṃ gacchāmi

(b) 뒷 단어가 모음으로 시작하거나 첫 단어가 휴지 위치일 때는 m는 변화 없다. 그 m는 뒷 단어가 자음으로 시작할 때처럼 입이 특정한 접촉점에 접근할 준비를 하고 있지 않기 때문에 변화를 일으키지 않는다.

पुत्रम् + आगच्छामि = पुत्रमागच्छामि

putram + āgacchāmi putram āgacchāmi

문법

01 다음은 두 가지 동사 접두사이다. 어떤 접두사는 어간의 원래 의미를 거의 변화시키지 않지만, 어떤 접두사는 의미를 변화시킨다.

동사 접두사

ud :	위로(up), 밖으로(up out)
uttiṣṭhati :	그는 일어선다(여기서 d는 내연성의 적용을 받아 무성음 t로 변한다)
udbhavati :	그는 태어나다
ava :	밑으로(down), 떨어져(away, off)
avagacchati :	그는 내려간다, 그는 이해한다

02 다음은 중요한 접두사 목록이다(Pāṇini, 1.4.58). 접두사는 명사 앞에서도 사용할 수 있다. 아래에 제시된 보기는 접두사의 의미를 기억하는 데 도움을 줄 것이다. 접두사에 익숙해지면 앞으로 많은 단어를 보다 쉽게 이해할 수 있을 것이다.

अति	ati	가로질러, 넘어, 초월하여, 지나(atīndriya 감각을 초월한 ; atyanta 끝을 지난, 무한한)
अधि	adhi	위로, 넘어서, ~에 관하여(adhyātman 자아에 관한 ; adhiviśva 특히, 우주에 관한)
अनु	anu	뒤에, 따라서(anusvāra 모음을 따르는 것)
अप	apa	떨어져, 분리하여(apāna 내려가는 기운)
अपि	api	붙어서(apihita ~에 놓인)
अभि	abhi	~에 대하여(abhyaṅga 향유를 바르는 것)

अव	ava	분리하여, 아래로(avatāra 아래로 내려오는 것, 화신)
आ	ā	뒤로, ~로, 충분히(ācāra 앞으로 가다, 행위 규범 ; ācārya 규범의 교사, 궤범사)
उद्	ud	위로, 밖으로(udāna 올라가는 기운)
उप	upa	~로, 가까이, 종속적인(upaniṣad : 가까이 다가가 앉다 ; upasarga 가까이 풀어놓다, 접두사)
दुस्	dus	나쁜, 어려운, 힘든(duḥkṛta 나쁜 행위 ; duḥkha 고통, 주로 명사와 결합한다)
नि	ni	아래로, 속으로(upaniṣad, 가까이 다가가 앉다)
निस्	nis	~로부터, 앞으로, ~이 없는, 완전히(nistraiguṇya 세 가지 속성이 없는)
परा	parā	분리, 떨어져서, 앞으로, 따라서(parāśara, 갈기갈기 찢는 자)
परि	pari	둘레, 주위(pariṇāma 주위로 굽는 것, 전변)
प्र	pra	앞으로(prāṇa 호흡, 기 ; prakṛti 앞에 놓은 것, 근본물질)
प्रति	prati	뒤로, 반대방향으로, 각각(pratyāhāra 반대방향으로부터의 음식, 퇴각)
वि	vi	분리, 떨어져(vyāna 몸 전체로 움직이는 기운, 순환)
सम्	sam	함께(samāna 고른 기운, 소화 ; saṃskṛta 만들어진 것, 완전한)
सु	su	좋은, 옳은, 바른, 쉬운(sukṛta 선행 ; sukham 즐거움, 주로 명사와 결합한다)

아트마네파다 과거

03 다음은 아트마네파다 과거형이다. 이도 역시 과거 시제를 나타낸다.

어근 : √bhāṣ(Ā) 말하다

	단수	양수	복수
3인칭	अभाषत abhāṣata	अभाषेताम् abhāṣetām	अभाषन्त abhāṣanta
2인칭	अभाषथाः abhāṣathāḥ	अभाषेथाम् abhāṣethām	अभाषध्वम् abhāṣadhvam
1인칭	अभाषे abhāṣe	अभाषावहि abhāṣāvahi	अभाषामहि abhāṣāmahi

04 아트마네파다 과거형 어미를 아트마네파다 현재 직설법 어미와 비교해 보라.

어근 : √bhāṣ(Ā) 말하다 (현재 직설법)

	단수	양수	복수
3인칭	भाषते bhāṣate	भाषेते bhāṣete	भाषन्ते bhāṣante
2인칭	भाषसे bhāṣase	भाषेथे bhāṣethe	भाषध्वे bhāṣadhve
1인칭	भाषे bhāṣe	भाषावहे bhāṣāvahe	भाषामहे bhāṣāmahe

어휘

산스크리트		한국어
अव + गम्	अवगच्छति	
ava+√gam(P.)	avagacchati	그는 이해한다
उद् + भू	उद्भवति	
ud+√bhū(P.)	udbhavati	그는 태어난다
उद् + स्था	उत्तिष्ठति	
ud+√sthā(P.)	uttiṣṭhati	그는 일어선다
रम्	रमते	
√ram(Ā.)	ramate	그는 즐긴다
शुभ्	शोभते	
√śubh(Ā.)	śobhate	그는 빛난다
स्मि	स्मयते	
√smi(Ā.)	smayate	그는 웃는다

이들 동사의 동명사형은 교재 뒤(pp.295-6)에 수록되어 있다.

연습문제

01 첫 단어가 m로 끝날 때 일어나는 연성법칙을 기억하라.

02 아트마네파다 과거형 어미를 기억하라.

03 다음 산스크리트를 한국어로 번역하라.

a. कथामवगत्य कविरस्मयत ।१।

b. रामः सीता च नद्यां जलमरमेताम् ।२।

c. यदातिथिरुपगच्छति तदा बाला उत्तिष्ठन्ति ।३।

d. यदातिथिरुपागच्छत्तदा बाला उदतिष्ठन् ।४।

e. यत्र शान्तिस्तत्र सुखं ।५।

f. पुत्रिका नृपस्य गृह उद्द्रवति ।६।

g. विद्ययाविद्यां जित्वा सूर्य इवर्षिः शोभते ।७।

h. अहो राम कथं तस्मिन्गज उत्तिष्ठसीति बालेऽपृच्छत् ।८।

i. वने फलानि रत्वा वीरस्य पत्नी गृहं प्रत्यगच्छत् ।९।

j. यो बालस्तस्य पुत्रस्तं रामोऽस्मयत ।१०।

k. यदाचार्योऽवदत्तदा शिष्या उदतिष्ठन् ।११।

04 다음 문장을 산스크리트로 번역하라.

a. 손님은 과일을 즐겼으므로 다시 집으로 되돌아 온다.

b. 웃고난 후 시타는 아름다운 소녀에게 말했다.

c. 코끼리로부터 온 뒤 소년은 마을로 다가갔다.

d. "사람에게는 아들이 있다"고 그는 이해한다.

e. 과일로부터 물을 마신 뒤 소녀는 일어난다.

f. 달이 비출 때 너는 숲에서 그림자를 볼 것이다.

g. 소년이 코끼리를 볼 때 그때 그는 미소지으며 웃는다.

h. 사람과 그의 부인이 저 아름다운 집을 즐긴다.

i. 그의 아들이 태어났을 때 영웅은 웃었다.

j. 소녀는 서 있는 사람으로부터 과일을 얻었다.

k. 태양이 달을 비추므로 달은 우리를 비춘다.

16과

문자	어말 n의 연성법들
문법	an으로 끝나는 명사 곡용 √as의 과거형 병렬복합어
어휘	an으로 끝나는 명사와 형용사

문자

어말n의 연성법

01 이 과에서는 앞 단어가 n로 끝나는 경우의 연성법을 배운다. 대부분의 경우 n는 변하지 않는다. 다음 도표는 n가 다른 것으로 변하는 8가지 규칙(a)-(h)을 포함하고 있다.

02 다음 도표의 산스크리트 문자표 중 굵은 글씨로 쓰여진 문자는 앞 단어 끝의 n에 변화를 일으키는 뒷 단어의 첫 문자를 나타낸다. 산스크리트 문자표의 바깥에 있는 문자는 n가 변화한 결과를 나타낸 것이다. 다음의 예문을 보라.

n의 변화							n의변화
			a	**ā**			
			i	**ī**			
			u	**ū**			nn (e)
			ṛ	**ṝ**			(단모음+n)로
			ḷ				끝날 경우
			e	**ai**			
			o	**au**			
	ka	kha	ga	gha	ṅa		
(a) ṃś	**ca**	**cha**	**ja**	**jha**	ña		ñ (f)
(b) ṃṣ	**ṭa**	**ṭha**	**ḍa**	**ḍha**	ṇa		ṇ (g)
(c) ṃs	**ta**	**tha**	da	dha	na		
	pa	pha	ba	bha	ma		
			ya	ra	**la**	va	ṃl (h)
(d) ñ(ch)	**śa** ṣa	sa	ha				
	휴지위치						

03 다음은 여덟 가지 규칙의 예다.

(a) तस्मिन् + च = तस्मिंश्च

tasmin + ca = tasmiṃś ca

	नरान्	+	च	= नरांश्च
	narān	+	ca	narāṃś ca
(b)	नरान्	+	ट	= नरांष्ट
	narān	+	ṭa	narāṃṣ ṭa
(c)	नरान्	+	तत्र	= नरांस्तत्र
	narān	+	tatra	narāṃs tatra
(d)	नरान्	+	शोभन्ते	= नराञ्छोभन्ते
	narān	+	śobhante	narāñ chobhante

혹은(드물지만)

	नरान्	+	शोभन्ते	= नराञ्शोबन्ते
	narān	+	śobhante	narāñ śobhante
(e)	राजन्	+	अत्र	= राजन्नत्र
	rājan	+	atra	rājann atra
	नरान्	+	अत्र	= नरानत्र
	narān	+	atra	narān atra
(f)	नरान्	+	जयति	= नराञ्जयति
	narān	+	jayati	narāñ jayati
(g)	नरान्	+	ड	= नराण्ड
	narān	+	ḍa	narāṇ ḍa
(h)	नरान्	+	लभते	= नरांल्लभते
	narān + labhate			narāṃl labhate

문법

01 다음은 an으로 끝나는 명사의 곡용형이다.

an으로 끝나는 명사

어간 : rājan(m.) 왕 : ātman(m.) 자아

	단수	양수	복수
주격	राजा rājā	राजानौ rājānau	राजानः rājānaḥ
목적격	राजानम् rājānam	राजानौ rājānau	राज्ञः आत्मनः rājñaḥ / ātmanaḥ
구격	राज्ञा आत्मना rājñā / ātmanā	राजभ्याम् rājabhyām	राजभिः rājabhiḥ
여격	राज्ञे आत्मने rājñe / ātmane	राजभ्याम् rājabhyām	राजभ्यः rājabhyaḥ
탈격	राज्ञः आत्मनः rājñaḥ / ātmanaḥ	राजभ्याम् rājabhyām	राजभ्यः rājabhyaḥ
속격	राज्ञः आत्मनः rājñaḥ / ātmanaḥ	राज्ञोः आत्मनोः rājñoḥ / ātmanoḥ	राज्ञाम् आत्मनाम् rājñām / ātmanām
처격	राज्ञि आत्मनि rājñi / ātmani	राज्ञोः आत्मनोः rājñoḥ / ātmanoḥ	राजसु rājasu
호격	राजन् rājan	राजानौ rājānau	राजानः rājānaḥ

02 rājan과 ātman 사이의 유일한 차이는 ātman은 항상 n앞에 a를 유지한다는 것이다. 이는 tmn라는 결합자음은 존재하지 않기 때문이다. 가끔 a는 장음화 한다. 그러한 경우를 강어간이라 한다. 중성은 남성과 유사하다.

어간 : nāman(n.) 이름

	단수	양수	복수
주격	नाम nāma	नाम्नी नामनी nāmnī / nāmanī	नामानि nāmāni
목적격	नाम nāma	नाम्नी नामनी nāmnī / nāmanī	नामानि nāmāni
구격	नाम्ना nāmnā	नामभ्याम् nāmabhyām	नामभिः nāmabhiḥ
여격	नाम्ने nāmne	नामभ्याम् nāmabhyām	नामभ्यः nāmabhyaḥ
탈격	नाम्नः nāmnaḥ	नामभ्याम् nāmabhyām	नामभ्यः nāmabhyaḥ
속격	नाम्नः nāmnaḥ	नाम्नोः nāmnoḥ	नाम्नाम् nāmnām
처격	नाम्नि नामनि nāmni / nāmani	नाम्नोः nāmnoḥ	नामसु nāmasu
호격	नामन् नाम nāman / nāma	नाम्नी नामनी nāmnī / nāmanī	नामानी nāmāni

√as 과거형

03 다음은 √as 동사의 과거형이다. 이 형태는 어미가 아니라 완전한 활용형임에 유의하라.

	단수	양수	복수
3인칭	आसीत् āsīt	आस्ताम् āstām	आसन् āsan
2인칭	आसीः āsīḥ	आस्तम् āstam	आस्त āsta
1인칭	आसम् āsam	आस्व āsva	आस्म āsma

병렬 복합어

04 이 과부터는 복합어(samāsa)에 관한 공부를 시작할 것이다. 산스크리트는 여러 가지 유형의 복합어가 있다. 단어는 서로 결합하여 하나의 새로운 단어를 형성한다. 데바나가리로는 복합어는 띄어쓰기를 하지 않는다. 로마자로 옮길 때 이 교재에서는 연성법이 허락하는 한 복합어의 구성요소 사이를 하이픈으로 연결한다. 예를 들어,

एकवचन
eka-vacana(단수)

05 명사류 복합어는 명사 형용사 혹은 대명사가 결합한 것이다. 복합어의 구성요소는 대개 어간형을 취한다. 그리고 복합어의 구성요소가 결합할 때는 연성법을 적용시킨다. 일반적으로 복합어의 마지막 요소만 곡용하고 그 이전의 요소는 격어미(sup)를 취하지 않는다.(luk)

06 이 과에서 우리가 처음 배울 복합어의 유형은 병렬복합어(dvandva)이다. dvandva란 한 쌍이란 뜻인데, 동등한 구성요소가 '그리고'란 의미를 갖고 연결된 것이다. 예를 들어 sītā와 rāma를 병렬복합어로 나타내면 다음과 같다.

सीतारामौ

sītā-rāmau

07 모든 복합어는 그 구성요소로 분해(vigraha)할 수 있다. vigraha란 복합어를 풀 때 그 구성요소를 나타내는 방법이다. 예를 들어

सीतारामौ	vigraha :	सीता रामश्च
sītā-rāmau	분해	sītā rāmaś ca

08 위와 같은 유형의 복합어를 상호병렬복합어(itaretara-dvandva)라 부른다. 그것은 복합어의 각 구성 요소를 개별적인 의미에서 지시하기 때문이다.(13과 비교해 보라) 위의 경우 후분은 양수 어미를 취한다. 두 사람이 지시되어 있기 때문이다.

09 두 사람(혹은 사물) 이상을 지시한다면 마지막 요소는 복수 어미를 취한다. 예를 들어,

आचार्यशिष्याः	vigraha :	आचार्यः शिष्याश्च
ācārya-śiṣyāḥ	분해	ācāryaḥ śiṣyāś ca

10 세 개의 구성 요소로 이루어진 복합어의 마지막 구성요소는 항상 복수형을 취한다.

अश्वगजमृगाः	vigraha :	अश्वो गजो मृगश्च
aśva-gaja-mṛgāḥ	분해	aśvo gajo mṛgaś ca

11 병렬복합어의 성은 마지막 구성요소에 의해 결정된다.

रामसीते	vigraha :	रामः सीता च
rāma-sīte	분해	rāmaḥ sītā ca

12 전분은 복수라 하더라도 어간 형태를 취한다. 이 때문에 전분의 수가 단수인지 양수인지 복수인지 모호할 때가 있다. 따라서 세 가지로 분해가 가능하다.

आचार्यशिष्याः 는 다음과 같이 분해할 수 있다.

"선생-학생들" 선생과 학생들
선생들과 학생
선생들과 학생들

이럴 경우 문맥에 따라 해석해야 한다. 그리고 대부분의 경우 위의 예는 첫 번째 해석이 가장 타당할 것이다.

13 병렬복합어에는 또한 집합병렬복합어(samāhāra-dvandva-samāsa)라 불리는 병렬복합어가 있다. 집합병렬복합어에서 어미는 항상 단수 중성형을 취한다. 복합어의 구성 요소들은 한 단위로서 집합적으로 취급된다. 구성 요소 각각의 의미는 복합어 전체의 집합적인 의미만큼은 중요하지 않다. 대개 대립하는 의미를 가진 하나의 쌍이 집합병렬복합어를 구성한다.

सुखदुःखम्	vigraha :	सुखं दुःखं च
sukha-duḥkham	분해	sukhaṃ duḥkhaṃ ca

14 an으로 끝나는 단어들이 복합어의 전분이 될 때 n은 탈락한다. 예를 들어 ātman은 복합어의 전분을 구성할 때는 ātma가 된다. rājan과 같은 몇몇 단어는 복합어의 후분이 될 때도 n은 탈락한다. 예를 들어,

राजरामौ	रामराजौ
rāja-rāmau 왕과 라마	rāma-rājau 라마와 왕

부정 복합어

15 복합어의 또 다른 형태는 부정복합어(nañ-samāsa)이다. 명사는 앞에 접두사 a를 붙임으로써 부정될 수 있다.

विद्या	अविद्या
vidyā(지혜)	avidyā(무지)

16 동명사도 접두사 a를 붙여 부정할 수 있다. 동명사가 접두사 a로 시작하고, 더 이상의 접두사가 없으면 접미사로 tvā를 사용한다.

अगत्वा

agatvā(가지 않고서)

17 단어가 a모음으로 시작하면 접두사 an을 붙여 부정어를 만든다.

अनुदित्वा

anuditvā(말하지 않고서)

어휘

산스크리트		한국어
आत्मा	ātmā(m.)	자아(an곡용 따름)
कर्म	karma(n.)	행위, 업(an곡용 따름)
कृष्ण	kṛṣṇa mf(ā)n (adj.)	검은
कृष्णः	kṛṣṇaḥ(m.)	크리슈나
नाम	nāma(n.)	이름(an곡용 따름)
प्रिय	priya mf(ā)n (adj.)	귀여운, 사랑스런
रमणीय	ramaṇīya mf(ā)n (adj.)	즐거운
राजा	rājā(m.)	왕(an곡용 따름)
शुक्ल	śukla mf(ā)n (adj.)	하얀
शोभन	śobhana mf(ā 혹은 ī)n (adj.)	빛나는, 밝은, 아름다운

연습문제

01 어말 n의 연성법을 기억하라.

02 an으로 끝나는 남성과 중성명사의 곡용형을 기억하라.

03 √as의 과거형을 기억하라.

04 병렬복합어 형성법을 복습하라.

05 다음 산스크리트를 한국어로 번역하라.

a. कृष्णोऽश्वमृगगजानगोपायत् ।१।

b. प्रियो राजा रामो ग्रामस्य बालानस्मयत ।२।

c. कन्या प्रजां सूर्यात्तस्याश्छाययागोपायत् ।३।

d. य आत्मानं बोधति स कर्माणि रमते ।४।

e. प्रजा कृष्णस्याश्वस्य कर्माहसत् ।५।

f. यदा सा तस्य नामावदत्तदा बाल उदतिष्ठत् ।६।

g. प्रियं तस्य पुत्रमुपगत्य वीरो स्मयत् ।७।

h. बालबाले शोभनस्य राज्ञः प्रजे स्तः ।८।

i. शुक्ला अश्वा वन आसन् ।९।

j. आसीद्राजा रामो नाम ग्रामे ।१०।

06 다음 문장을 산스크리트로 번역하라.

a. 검은 말이 강으로부터 물을 마신다.

b. 자아를 아는 자는 행위와 무행위를 즐긴다.

c. 왕의 이름은 크리슈나였다.

d. 왕이 아들의 즐거운 행위를 즐긴다.

e. 사랑스러운 영웅이 완성과 미완성(성공과 실패)을 이해하였다.

f. 소년이 코끼리로부터 온다. 그리고 집으로 돌아간다.

g. 오지도 않고 가지도 않는 것 그가 아트만이다.

h. 왕이 다가왔을 때 소년들과 소녀들이 일어났다.

i. 왕이었던 사람이 검은 숲으로부터 왔다.

j. 자아에 대한 지식은 또한 태양과 달에 대한 지식이기도 하다.

17 과

문자 어말 t의 연성법

문법 ṛ로 끝나는 명사의 곡용
미래시제

어휘 ṛ로 끝나는 명사

문자

어말 t의 연성법

01 앞 단어가 t로 끝날 경우, 뒷 단어의 첫 문자가 무성음일 때는 변화하지 않고 다음 문자가 유성음일 때는 d로 변화하는 경우가 대부분이다. 그러나 다음 도표에서 굵은 글씨로 표시된 문자가 뒷 단어의 첫 문자로 올 때는 예외이다.

t는 다음을 제외하면 변하지 않는다								t는 다음을 제외하면 d로 변한다.	
				a	ā				
				i	ī				
				u	ū				
				ṛ	ṝ				
				ḷ					
				e	ai			(모든 비음 앞)	
				o	au				n (d)
		ka	kha	ga	gha	**ṅa**			
(a) c		**ca**	**cha**	**ja**	**jha**	**ña**			j (e)
(b) ṭ		**ṭa**	**ṭha**	**ḍa**	**ḍha**	**ṇa**			ḍ (f)
		ta	tha	da	dha	**na**			
		pa	pha	ba	bha	**ma**			
				ya	ra	**la**	va		l (g)
(c) c(ch)	**śa**	ṣa	sa	**ha**					d (dh) (h)
		휴지위치							

02 다음은 여덟 가지 규칙의 예다.

(a) रामात् + च = रामाच्च
rāmāt + ca rāmāc ca

(b) रामात् + ट = रामाट्ट
rāmāt + ṭa rāmāṭ ṭa

(c) रामात् + शास्त्रम् = रामाच्छास्त्रम्
rāmāt + śāstram rāmāc chāstram

(d) रामात् + मन्यते = रामान्मन्यते
rāmāt + manyate rāmān manyate

(e) रामात् + जलम् = रामाज्जलम्
rāmāt + jalam rāmāj jalam

(f) रामात् + ड = रामाड्ड
rāmāt + ḍa rāmāḍ ḍa

(g) रामात् + लभते = रामाल्लभते
rāmāt + labhate rāmāl labhate

(h) रामात् + हस्तः = रामाद्धस्तः
rāmāt + hastaḥ rāmād dhastaḥ

문법

01 이 과에서는 ṛ로 끝나는 명사의 곡용을 배울 것이다. 이들 명사는 대개 행위자 또는 아버지나 어머니처럼 친족을 나타낸다.

ṛ로 끝나는 명사

어간 : dātṛ(m.) 주는 사람, svasṛ(f.) 자매

	단수	양수	복수
주격	दाता dātā	दातारौ dātārau	दातारः dātāraḥ
목적격	दातारम् dātāram	दातारौ dātārau	दतॄन् स्वसॄः dātṝn / svasṝḥ
구격	दात्रा dātrā	दातृभ्याम् dātṛbhyām	दातृभिः dātṛbhiḥ
여격	दात्रे dātre	दातृभ्याम् dātṛbhyām	दातृभ्यः dātṛbhyaḥ
탈격	दातुः dātuḥ	दातृभ्याम् dātṛbhyām	दातृभ्यः dātṛbhyaḥ
속격	दातुः dātuḥ	दात्रोः dātroḥ	दातॄणाम् dātṝṇām
처격	दातरि dātari	दात्रोः dātroḥ	दातृषु dātṛṣu
호격	दातर् dātar	दातारौ dātārau	दातारः dātāraḥ

02 아버지, 어머니 그리고 형제 등을 뜻하는 단어는 주격과 호격(양수와 복수), 그리고 목적격(단수와 양수)에서 중간어간을 갖는다.

어간 : pitṛ(m.) 아버지 ; mātṛ(f.) 어머니 ; bhrātṛ(m.) 형제

	단수	양수	복수
주격	पिता pitā	पितरौ pitarau	पितरः pitaraḥ
목적격	पितरम् pitaram	पितरौ pitarau	पितॄन् भ्रातॄन् मातॄः pitṝn / bhratṝn / mātṝḥ
호격	पितर् pitar	पितरौ pitarau	पितरः pitaraḥ

03 '아버지와 어머니'처럼 종류는 적지만 자주 사용되는 한 쌍을 나타내는 병렬복합어의 경우 복합어의 전분은 대개 주격 단수형 ā로 끝난다.

मातापितरौ

mātā-pitarau(어머니와 아버지)

미래시제 **04** 이 과에서는 미래시제를 공부할 것이다. 현재 직설법은 때때로 가까운 미래를 가리킬 수도 있다.

गच्छामि

gacchāmi(나는 갈 것이다)

05 그러나 미래를 나타내는 경우 대개 단순 미래형을 사용한다. 미래시제(lṛṭ)는 미래의 모든 행위를 나타낼 때 쓰인다. 미래형 어간은 원칙적으로 어근을 구나화한 후 접미사 sya 또는 iṣya를 붙여서 형성한다. (a, ā를 제외한 어떤 모음이 직전에 올 때 s는 ṣ가 된다는 것을 기억하라.(교재 p. 144의 내연성법 참조)

06 대부분의 어근은 구나화한다.(p. 221 참조) 파라스마이파다 어미나 아트마네파다 어미가 그 다음에 덧붙여진다.

07 다음은 이미 배웠던 몇몇 동사들의 3인칭 단수 미래형이다.

upa+√gam	upagamiṣyati	그는 접근할 것이다
√gam	gamiṣyati	그는 갈 것이다
√gup	gopsyati	그는 보호할 것이다
√cint	cintayiṣyati -te	그는 생각할 것이다
√ji	jeṣyati	그는 정복할 것이다
√dṛś	drakṣyati	그는 볼 것이다
√nī	neṣyati -te	그는 인도할 것이다
√paṭh	paṭhiṣyati	그는 읽을 것이다
√paś	drakṣyati	그는 볼 것이다
√pā	pāsyati	그는 마실 것이다
√prach	prakṣyati	그는 질문할 것이다
√budh	bodhiṣyati -te	그는 알 것이다
√bhū	bhaviṣyati	그는 존재할 것이다
√man	maṃsyate	그는 생각할 것이다
√ram	raṃsyate	그는 즐길 것이다
√labh	lapsyate	그는 얻을 것이다
√vad	vadiṣyati	그는 말할 것이다
√vas	vatsyati	그는 살 것이다
√śubh	śobhiṣyati	그는 빛날 것이다
√sev	seviṣyati	그는 섬길 것이다
√sthā	sthāsyati	그는 설 것이다
√smi	smeṣyati	그는 미소를 지을 것이다
√smṛ	smariṣyati	그는 기억할 것이다
√has	hasiṣyati	그는 소리내어 웃을 것이다

어휘

산스크리트		한국어
कदा	kadā(ind.)	언제(kutra처럼 사용됨)
कर्ता	kartā(m.)	작자, 행위자(ṛ로 끝나는 명사의 곡용을 따름)
कर्त्री	kartrī(f.)	작자, 행위자(ī로 끝나는 명사의 곡용을 따름)
कुलम्	kulam(n.)	가족
दाता	dātā(m.)	보시자(ṛ로 끝나는 명사의 곡용을 따름)
दात्री	dātrī(f.)	보시자(ī로 끝나는 명사의 곡용을 따름)
पिता	pitā(m.)	아버지(ṛ로 끝나는 명사의 곡용을 따름)
भ्राता	bhrātā(m.)	형제(ṛ로 끝나는 명사의 곡용을 따름)
माता	mātā(f.)	어머니(ṛ로 끝나는 명사의 곡용을 따름)
स्वसा	svasā(f.)	누이(ṛ로 끝나는 명사의 곡용을 따름)

연습문제

01 어말 t의 연성법을 기억하라.

02 ṛ로 끝나는 명사 곡용을 기억하라.

03 동사 3인칭 단수 미래형을 익히라.

04 다음 문장을 번역하라

a. मम पिता तत्र गमिष्यतीति बालस्तस्य मातरमवदत् ।१।

b. कदा तव भ्राता जलं लप्स्यत इति पितापृच्छत् ।२।

c. पितामातरौ जलात्कुलं गोप्स्यतः ।३।

d. कदा वनादागमिष्यसीति रामस्तस्य भ्रातरमपृच्छत् ।४।

e. तस्य पितरं सेवित्वा रामो राजा भविष्यति ।५।

f. यदा तस्या भ्रातरं मन्यते तदा सा स्मयते ।६।

g. माता तस्याः प्रजायै सुखस्य दात्री भवति ।७।

h. य आत्मानं जयति स शान्तेः कर्ता ।८।

i. जलं पीत्वा तस्य मातुः पुस्तकं पठिष्यति ।९।

j. भ्रात्रा सह रामो वने वत्स्यति ।१०।

05 다음 문장을 산스크리트로 번역하라

a. 내 여동생이 태어났을 때 그녀는 내 어머니를 보고 웃었다.

b. 내 가족 이름은 현자의 이름에서 따온 것이다.

c. "언제 내가 왕에게 말할까" 그녀의 아버지는 생각했다.

d. 그녀의 아버지 부인은 그녀의 어머니이다.

e. 내 아버지는 우리 가족 중에서 평화를 만드는 사람이다.

f. 형과 누나는 숲에서 과일을 얻을 것이다.

g. 영웅은 숲에서 불로부터 왕을 보호할 것이다.

h. 왕의 아들에게는 형제들이 없다.

i. 언제 학생들은 덕망있는 선생으로부터 지식을 얻는가.

j. "나는 연못에서 너를 보았다" 왕은 아름다운 아들에게 말한다.

18과

문자	나머지 모든 연성법칙
문법	u로 끝나는 명사의 곡용 동격한정복합어와 격한정복합어
어휘	u로 끝나는 명사와 형용사

문자

나머지 모든 연성법칙

01 이 과에서는 어말 r, p, ṭ, k, ṅ과 어두 ch를 포함한 나머지 모든 연성법칙을 공부할 것이다.

02 다음은 어말 r의 연성법이다.

(a) 뒷 단어가 유성음으로 시작할 경우 어말 r는 변화없다.

पुनर् + गच्छति = पुनर्गच्छति
punar + gacchati punar gacchati

पुनर् + आगच्छति = पुनरागच्छति
punar + āgacchati punar āgacchati

(b) 뒷 단어가 무성음으로 시작하거나 휴지 위치일 경우는 어말 s와 같은 규칙을 따른다.

पुनर् + पुनर् = पुनः पुनः
punar + punar punaḥ punaḥ

पुनर् + तत्र = पुनस्तत्र
punar + tatra punas tatra

(c) 어말 r는 원래 r였건, s로부터 변화한 것이건 다른 r음 앞에는 올 수 없다. 이 경우 어말 r는 탈락하고 r앞의 모음이 단모음이면 장음화 한다.

पनर् + रामः = पुना रामः
punar + rāmaḥ punā rāmaḥ

03 다음은 어말 k, ṭ, p의 연성법이다.

(a) 유성음 앞에서 이들 자음은 유성음으로 변하고, 무성음 앞에서는 변화 없다. 예를 들어,

ऋक् + वेद = ऋग्वेद
ṛk + veda ṛg veda

ऋक् + संहिता = ऋक्संहिता
ṛk + saṃhitā ṛk saṃhitā

(b) 비음 앞에서는 자신의 행에 대응하는 비음으로 변한다. 예를 들어,

सुप् + नाम = सुम्नाम
sup + nāma sumnāma

(c) h 앞에서는 이들 자음은 유성음으로 변하고 h는 이들과 대응하는 유성 대기음으로 변한다.

वाक् + हसति = वाग्घसति
vāk + hasati vāg ghasati

04 어말 ṅ의 연성법

(a) 어말 n과 마찬가지로 어말 ṅ도 단모음 뒤에 오고 뒷 단어가 모음으로 시작할 경우에는 중복된다.

05 다음은 어두 ch의 연성법이다.

(a) 앞 단어가 단모음으로 끝날 경우 뒷 단어의 첫 문자 ch는 cch로 바뀐다. 또 ā, mā 뒤에서도 cch로 변한다.

कुत्र + छाया = कुत्र च्छाया

kutra + chāyā kutra cchāyā

06 각기 다른 형태의 단어가 연성법이 적용된 후에는 동일한 형태로 나타나는 경우가 있다. 예를 들어,

रामः + एव = राम एव

rāmaḥ + eva rāma eva

रामे + एव = राम एव

rāme + eva rāma eva

बालाः + न = बाला न

bālāḥ + na bālā na

बाला + न = बाला न

bālā + na bālā na

이럴 경우 원래 어떤 형태였는지는 문맥으로 판단해야 한다.

문법

u로 끝나는 명사

01 다음은 u로 끝나는 명사의 곡용형이다.

어간 : hetu(m.) 원인 ; dhenu(f.) 암소

	단수	양수	복수
주격	हेतुः hetuḥ	हेतू hetū	हेतवः hetavaḥ
목적격	हेतुम् hetum	हेतू hetū	हेतून् धेनूः hetūn / dhenūḥ
구격	हेतुना धेन्वा hetunā / dhenvā	हेतुभ्याम् hetubhyām	हेतुभिः hetubhiḥ
여격	हेतवे धेन्वै hetave (dhenvai)	हेतुभ्याम् hetubhyām	हेतुभ्यः hetubhyaḥ
탈격	हेतोः धेनवाः hetoḥ (dhenvāḥ)	हेतुभ्याम् hetubhyām	हेतुभ्यः hetubhyaḥ
속격	हेतोः धेनवाः hetoḥ (dhenvāḥ)	हेत्वोः hetvoḥ	हेतूनाम् hetūnām
처격	हेतौ धेन्वाम् hetau (dhenvām)	हेत्वोः hetvoḥ	हेतुषु hetuṣu
호격	हेतो heto	हेतू hetū	हेतवः hetavaḥ

단수여격, 탈격, 속격, 그리고 처격은 선택적 여성형을 갖는다. 예를 들어 여격 단수는 dhenave 또는 dhenvai로도 쓸 수 있다. u로 끝나는 명사의 곡용형은 i로 끝나는 명사의 곡용과 같다(p.163). 차이가 있는 것은 연성법 때문이다.

복합어

02 이 과에서는 다른 종류의 복합어인 격한정복합어(tatpuruṣa)를 배운다. 복합어의 두 구성요소가 동등한 지위를 가지는 병렬복합어와 달리 격한정복합어에서는 후분이 항상 주된 요소(pradhāna)이고, 전분은 종속적인 요소(upasarjana)이다. tatpuruṣa를 "격한정 복합어(determinative compound)"라고 번역하는 것은 전분이 후분의 의미를 한정하기 때문이다.

동격한정 복합어

03 tatpuruṣa의 한 유형이 동격한정복합어(karmadhāraya)이다. karmadhāraya에서 두 구성요소는 동일한 대상을 지시한다. 그리고 분리되었을 경우에는 동일한 격(samānādhikaraṇa)을 가진다.

04 karmadhāraya의 가장 단순한 형태는 형용사와 명사로 이루어진 것이다.

शुक्लमाला	vigraha :	शुक्ला माला
śukla-mālā		śuklā mālā
"흰-화환"	분해	흰 화환

प्रियबालः	vigraha :	प्रियो बालः
priya-bālaḥ		priyo bālaḥ
"귀여운-소년"	분해	귀여운 소년

복합어의 후분이 여성명사일 경우에도 전분인 형용사는 종종 남성어간형(-a)를 취한다.(이때 여성명사는 이들 복합어에서 자신의 성을 유지한다)

05 karmadhāraya의 또다른 형태는 명사와 명사로 이루어진 것이다.

राजर्षिः	vigraha :	राजर्षिः
rāja-rṣiḥ		rāja rṣiḥ
"왕-현자"	분해	왕이면서 동시에 현자인 사람

격한정 복합어

06 좁은 의미의 tatpuruṣa(일반적으로 tatpuruṣa라고 일컬어지는 것이다)에서 각 구성요소는 다른 대상을 지시하고 분리될 때는 다른 격으로 나타난다. 그리고

그 경우 후분은 주격을 취한다. 나아가 tatpuruṣa는 전분의 격에 따라 이름을 붙인다. 그것은 복합어가 분리된 경우 목적격에서 처격까지 나타낼 수 있다. 예를 들어 분해되었을 때 전분이 속격이면 속격 tatpuruṣa라고 부른다. 다음은 속격 tatpuruṣa의 두 가지 예다.

राजपुरुषः	vigraha :	राज्ञः पुरुषः
rāja-puruṣaḥ		rājñaḥ puruṣaḥ
"왕-사람"	분해	왕의 사람

नरपुस्तकम्	vigraha :	नरस्य पुस्तकम्
nara-pustakam		narasya pustakam
"사람-책"	분해	사람의 책

07 한 단어가 복합어의 구성요소가 되는 것과 마찬가지로 복합어도 다시 다른 복합어의 구성요소가 될 수 있다. 이 경우 인도에서는 작은 단위부터 분석한다. 예를 들어,

रामपुत्रपुस्तकम्
rāma-putra-pustakam
"라마-아들-책"

(1) रामस्य पुत्रः
rāmasya putraḥ
라마의 아들

(2) रामस्य पुत्रस्य पुस्तकम्
rāmasya putrasya pustakam
라마 아들의 책

서구에서는 복합어의 분석은 오른쪽에서 왼쪽으로 한다. 반면 인도에서 분석은 작은 단위에서 시작한다. 그것은 복합어를 어떻게 분리하는가를 보여주기 보다는 작은 단위부터 분석을 시작하여 복합어가 어떻게 만들어 졌는가를 보여주는 것이다.

복합어 요약

08 복합어는 네 그룹으로 분류할 수 있다. 다음은 배경 지식을 위해 일반적인 내용을 기술한 것이다. 예외는 나중에 다시 설명할 것이다.

1) **dvandva** (병렬복합어). 이 복합어에서는 각 구성요소가 동등하게 중시된다 dvandva는 다시 두 가지로 나뉜다.

(a) itaretara. 복합어의 구성 요소들이 별개로 조망된다.
예를 들어, rāma-sīte(rāma와 sītā)

(b) samāhāra. 복합어의 구성 요소들이 전체로 조망된다.
예를 들어 sukha-duḥkham(고락)

2) **tatpuruṣa**. 이 복합어에서는 전분이 후분을 한정하고 종속된다. 여기에는 몇 가지 유형이 있다.

(a) tatpuruṣa (vyadhikaraṇa-tatpuruṣa, 격한정복합어)
이 명칭은 각 구성요소가 다른 대상을 지시하는 복합어에 표준적으로 사용된다. 복합어가 분리되었을 때 전분은 후분과는 다른 격을 취한다. 이 복합어는 전분이 취하는 격에 따라 곧 목적격에서 처격에 이르기까지 여섯 가지로 나뉜다. 예를 들어 rāja-puruṣaḥ '왕의 사람'과 같다.

(b) karmadhāraya (samānādhikaraṇa-tatpuruṣa, 동격한정복합어)
복합어의 구성요소가 같은 대상을 지시한다. 따라서 분해되었을 때 같은 격을 가진다. 예를 들어, śukla-mālā '흰 화환'. 만약 전분이 수사라면 dvigu라 불린다. 예를 들어, dvi-vacana '양수'

(c) upapada (종속복합어)
후분이 동사 어근인 복합어이다. 이 경우 동사 어근의 형태가 약간 변하는 경우가 있다. 예를 들면, brahmavit '브라흐만을 아는 자'

(d) nañ (부정복합어)

이것은 부정사 na가 a 또는 an으로 축약되어 사용되는 tatpuruṣa이다. 예를 들어 avidyā '무명'

(e) prādi.

복합어의 전분이 파니니에 의해 제시된 스무 개의 접두사 중 하나인 경우(교재 pp.197～198)이다. 이는 pra부터 시작하므로 pra-ādi(pra 등)라 부른다. 복합어 전체는 명사류로 사용된다. 예를 들어, anu-svāra '모음을 따르는 것'

(f) gati.

복합어의 전분이 gati라 불리는 다른 종류의 접두사이다. 복합어 전체는 명사류로 쓰인다. 예를 들면, antaryāmin '내부의 통제자'

3) **bahuvrīhi** (소유복합어). 이 복합어의 경우 실질적인 주요 요소는 복합어 바깥에 있다. 이 복합어는 다른 단어를 묘사하는 형용사 역할을 한다. 분해되었을 때 구성 요소의 격은 같을 수도 있고 다를 수도 있다. 예를 들어, mahā rāthaḥ '큰 마차'는 큰 마차를 가진 사람, 곧 영웅을 뜻한다.

4) **avyayībhāva** (불변화복합어). 이 복합어는 불변화사로 시작한다. 복합어 전체는 부사로 쓰인다. 예를 들어, yathānāma '이름에 따라서'

09 이들 네 복합어는 어떤 요소가 주요한 요소인가 하는 측면에서 이해할 수도 있다.

(a) dvandva.	두 요소가 모두 주요 요소.
(b) tatpuruṣa.	후분이 주요 요소
(c) bahuvrīhi.	두 요소 모두가 주요 요소가 아님
(d) avyayībhāva.	전분이 주요 요소

10 대명사가 전분으로 사용될 경우, 어간 형태를 취한다. 그것은 성 수 격과 무관하게 사용된다.

mad	나
asmad	우리
tvad	너
yuṣmad	너희들
tad	그, 그녀, 그것, 그들

예를 들면

मद्बालः
mad-bālaḥ,
나의 소년(속격 tatpuruṣa)

तत्पुरुशः
tat-puruṣaḥ
그의 사람(속격 tatpuruṣa)

어휘

산스크리트		한국어
अल्प	alpa mf(ā)n (adj.)	작은
गुरु	guru mf(vī)n (adj.)	무거운
गुरुः	guruḥ (m.)	스승
धेनुः	dhenuḥ (f.)	암소
पूर्ण	pūrṇa mf(ā)n (adj.)	가득한
बहु	bahu mf(vī 또는 u)n (adj)	많은
शत्रुः	śatruḥ(m.)	적
शीघ्र	śīghra mf(ā)n (adj.)	빠른
हेतुः	hetuḥ(m.)	원인

연습문제

01 마지막 연성법칙을 기억하라.

02 u로 끝나는 명사 곡용을 기억하라.

03 karmadhāraya와 tatpuruṣa를 어떻게 만드는지 복습하고, 이들 복합어에서 사용된 대명사의 어간형을 기억하라.

04 다음 산스크리트를 한국어로 번역하라.

a. शुक्लधेनुर्वाप्यां तिष्ठति जलं च पिबति ।१।

b. ऋषिः शत्रुमजयत ।२।

c. यदि वनं फलस्य पूर्णमस्ति तदा धेनवस्तत्र गच्छन्ति ।३।

d. मन्मातात्ल्पं पुस्तकं पठति तद्रमते च ।४।

e. बहुसुखस्य दाता गुरुः ।५।

f. अल्पबालः शुक्लसूर्य इव शोभते ।६।

g. यदात्मानमवगच्छसि तदा त्वं बहुसुखस्य हेतुरसि ।७।

h. कदा रमणीयराजा शत्रोरस्माकं कुलं गोप्स्यति ।८।

i. शीघ्रा बाला फलेन सह वनादागच्छति ।९।

j. गुरोः सुखस्य हेतुस्तस्य शिष्याणां सिद्धयो भवति ।१०।

k. विद्यायाः शत्रुरविद्या भवतीति बालोऽवदत् ।११।

05 다음 문장을 산스크리트로 번역하라.

a. 아름답고 작은 소는 연못으로부터 물을 마셨다.

b. 빠르고 검은 말이 작은 마을에 서 있다.

c. 적을 정복한 뒤 군인은 평화와 행복을 즐길 것이다.

d. 무지는 진실의 적이다.

e. 자아를 깨닫고서 그는 행위와 무행위의 원인을 이해하였다.

f. 어린이가 아름다운 숲에 있는 작은 집에서 태어났다.

g. 학생은 그의 선생님을 위하여 아름다운 꽃을 가져올 것이다.

h. 숲은 과일로 가득 차 있고, 연못은 물로 가득 차 있다.

i. 그의 가족을 본 후 아버지는 물을 얻으러 숲으로 갔다.

j. 언제 아름다운 소는 물살이 빠른 강으로부터 이 곳으로 올 것인가.

k. 소를 본 후 아름다운 소년은 연못의 물을 즐긴다.

연습 문제 정답

제1과

05

a. 너는 묻는다. 그리고 그는 간다.

b. 나는 간다. 그리고 묻는다. (혹은) 나는 가고 묻는다.

c. 그는 묻는다. 그리고 그는 간다. (혹은) 그는 묻고 간다.

d. 너는 간다. 그리고 나는 묻는다.

e. 그는 묻는다. 그리고 나는 묻는다. (혹은) 그와 나는 묻는다.

f. 너는 간다. 그리고 그는 간다. (혹은) 너와 그는 간다.

g. 나는 묻는다. 그리고 너는 간다.

h. 그는 묻는다. 그리고 나는 간다.

06

a. gacchāmi pṛcchāmi ca (혹은) gacchāmi ca pṛcchāmi ca

b. pṛcchasi gacchati ca(ca가 단어 사이에 올 수도 있다.)

c. pṛcchati gacchasi ca

d. gacchati pṛcchati ca

e. pṛcchasi

f. pṛcchāmi ca gacchasi ca (혹은) pṛcchāmi gacchasi ca

g. gacchāmi gacchasi ca

h. gacchati gacchasi ca

제2과

연습문제 정답

05

a. 우리 둘은 어디에 살고 있는가?

b. 너는 있다. 그리고 우리 둘은 있다.

c. 나는 산다. 그리고 그들 둘은 기억한다.

d. 너희 둘은 묻는다. 그리고 그는 기억한다.

e. 우리 둘은 어디로 가고 있는가?

f. 나는 어디에 있는가?

g. 나는 어디로 가고 있는가? (혹은) 나는 어디로 가는가?

h. 나는 묻는다. 그리고 그는 기억한다.

i. 너는 산다. 그리고 우리 둘은 간다.

j. 너는 어디로 가고 있는가? (혹은) 너는 어디로 가는가?

06

(괄호 안에 있는 문장은 연성법이 적용된 문장이다. 참고로 읽어 보라.)

a. kutra gacchathaḥ
(kutra gacchathaḥ)

b. vasāmi vasataḥ ca
(vasāmi vasataś ca)

c. pṛcchāvaḥ smarataḥ ca
(pṛcchāvaḥ smarataś ca)

d. gacchasi gacchati ca
(gacchasi gacchati ca)

e. kutra gacchāmi
(kutra gacchāmi)

f. bhavāmi ca bhavathaḥ ca
(bhavāmi ca bhavathaś ca)

g. kutra bhavasi
(kutra bhavasi)

h. kutra gacchati
(kutra gacchati)

제3과

연습문제 정답

05

a. 그는 말한다. 그리고 나는 말하지 않는다.

b. 너희 둘은 말한다. 그리고 그들 둘은 기억한다.

c. 그들은 가지 않는다.

d. 우리들은 선다. 그리고 간다.

e. 너희 둘은 있다. 그리고 너희 둘은 산다.

f. 너는 어디 있는가.

g. 그들은 선다. 그리고 간다.

h. 그는 묻지 않는다. 그리고 말하지 않는다.

06

(다음 모든 문장은 연성법이 적용되었을 때와 형태가 동일하다.)

a. kutra gacchanti

b. na vadāmaḥ

c. pṛcchati ca vadanti ca

d. kutra tiṣṭhāmaḥ

e. kutra vasataḥ

f. na gacchāmaḥ

g. pṛcchāmi smaranti ca

h. kutra bhavāmaḥ

제4과

연습문제 정답

04

a. 사람들은 사슴을 기억한다.
b. 라마는 말 두 마리에게 간다.
c. 코끼리들은 어디에 사는가.
d. 두 사람이 라마에게 말한다.
e. 아들은 기억하거나 묻는다.
f. 라마는 사슴에게 간다.
g. 말 두 마리가 말하지 않는다.
h. 라마가 아들에게 말한다.

05

(괄호 안은 연성법을 적용한 것이다.)

a. narāḥ mṛgam vadanti
(narā mṛgaṃ vadanti)
b. rāmaḥ aśvān vadati
(rāmo 'śvān vadati)
c. putraḥ aśvam gacchati tiṣṭhati ca
(putro 'śvaṃ gacchati tiṣṭhati ca)
d. gajāḥ na smaranti
(gajā na smaranti)
e. kutrāśvāḥ tiṣṭhanti
(kutra aśvās tiṣṭanti)
f. kutra gajaḥ bhavati
(kutra gajo bhavati)
g. rāmaḥ vadati putraḥ ca smarati
(rāmo vadati putraś ca smarati)
h. tiṣṭhanti vā gacchanti vā
(tiṣṭhanti vā gacchanti vā)
i. kutra rāmaḥ tiṣṭhati
(kutra rāmas tiṣṭhati)
j. rāmaḥ putraḥ vā gacchati
(rāmaḥ putro vā gacchati)
k. rāmaḥ putraḥ ca gacchataḥ
(rāmaḥ putraś ca gacchataḥ)

06

a. 두 사람이 아들에게 말한다.

b. 말들과 코끼리들이 어디로 가는가.

c. 말 혹은 사슴이 간다.

d. 라마가 두 아들에게 말한다.

e. 사슴과 말, 그리고 코끼리가 간다.

f. 아들들이 사슴들을 기억하지 못한다.

g. 두 사람은 어디에 사는가.

h. 나는 라마에게 묻는다.

i. 두 사람은 아들들에게 말하지 않는다.

j. 사슴들이 어디 있는가.

07

a. kutra rāmaḥ gacchati
(kutra rāmo gacchati)

b. rāmaḥ aśvam gacchati
(rāmo 'śvaṃ gacchati)

c. putraḥ aśvān na vadati
(putro 'śvān na vadati)

d. gajau naram smarataḥ
(gajau naraṃ smarataḥ)

e. kutra mṛgau vasataḥ
(kutra mṛgau vasataḥ

f. aśvam gacchasi
(aśvaṃ gacchasi)

g. kutra tiṣṭhāmaḥ
(kutra tiṣṭhāmaḥ)

h. putraḥ aśvān gajān ca gacchati
(putro 'śvān gajāṃś ca gacchati)

i. gajam vadatha
(gajaṃ vadatha)

j. gajaḥ na smarati
(gajo na smarati)

제5과

연습문제 정답

04

a. 영웅들은 어디에 서 있는가.

b. 두 소년이 코끼리와 함께 거기에 있다.

c. 왕이 말에게 간다.

d. 말과 함께 영웅이 왕들에게 간다.

e. 라마는 사슴과 함께 산다.

f. 소년들이 코끼리들과 함께 간다.

g. 사람들이 아들에게 말한다.

h. 영웅들이 라마에게 사슴들에 관해 묻는다.

i. 소년이 왕을 위해 거기에 간다.

05

a. bālāḥ aśvān gacchanti
(bālā aśvān gacchanti)

b. putraḥ mṛgam nṛpam pṛcchati
(putro mṛgaṃ nṛpaṃ pṛcchati)

c. nṛpaḥ naram smarati
(nṛpo naraṃ smarati)

d. putreṇa saha vīraḥ vasati
(putreṇa saha vīro vasati)

e. bālaḥ nṛpam pṛcchati nṛpaḥ ca smarati
(bālo nṛpaṃ pṛcchati nṛpaś ca smarati)

f. putreṇa saha tatra gajāḥ na bhavanti
(putreṇa saha tatra gajā na bhavanti)

g. kutra rāmaḥ vasati
(kutra rāmo vasati)

h. nṛpaḥ vīraḥ vā bālam vadati
(nṛpo vīro vā bālaṃ vadati)

i. vīraḥ bālāya gacchati
(vīro bālāya gacchati)

j. tatra gajāḥ aśvaiḥ saha bhavanti
(tatra gajā aśvaiḥ saha bhavanti)

k. nṛpam smarāmi
(nṛpaṃ smarāmi)

l. tatra bālena saha gacchasi
(tatra bālena saha gacchasi)

06

a. 영웅이 말들과 함께 간다.

b. 사람들이 왕을 위해 거기에 간다.

c. 두 영웅이 선다. 그리고 말한다.

d. 사슴들이 거기에 산다.

e. 왕은 두 소년과 함께 어디로 가는가.

f. 라마가 아들에게 말에 대해 묻는다.

g. 코끼리들은 거기에 서 있지 않다.

h. 영웅은 소년에게 왕에 대해 말한다.

i. 코끼리는 사슴들 그리고 말들과 함께 산다.

j. 우리들은 어디에 서 있는가.

07

a. tatra bālābhyām saha nṛpaḥ vasati
(tatra bālābhyāṃ saha nṛpo vasati)

b. kutra gajaiḥ saha gacchasi
(kutra gajaiḥ saha gacchasi)

c. tatra naraḥ aśvāya gacchati
(tatra naro 'śvāya gacchati)

d. bālaḥ nṛpam na smarati
(bālo nṛpaṃ na smarati)

e. gajau nṛpam vadāmi
(gajau nṛpaṃ vadāmi)

f. nṛpaḥ putrāya aśvam gacchati
(nṛpaḥ putrāyāśvaṃ gacchati)

g. kutra tiṣṭhāmaḥ
(kutra tiṣṭhāmaḥ)

h. naraḥ aśvam bālam pṛcchati
(naro 'śvaṃ bālaṃ pṛcchati)

i. tatra rāmaḥ narāya gacchati
(tatra rāmo narāya gacchati)

j. kutra mṛgāḥ bhavanti
(kutra mṛgā bhavanti)

제6과

연습문제 정답

03

a.	इति	g.	भवाव:	m.	ऋषि
b.	नर	h.	वदसि	n.	देवता
c.	राम	i.	नृप:	o.	गुण
d.	गज	j.	न	p.	जय
e.	वीर	k.	वा	q.	गुरु
f.	वसति	l.	च	r.	देव

04

a. 소년의 코끼리가 마을로 간다.

b. 라마의 아들이 말에게 간다.

c. "여기에 말이 있다" 왕이 말한다.

d. 아들이 마을에서 온다.

e. "코끼리들은 어디에 서 있는가" 왕이 묻는다.

f. 소년이 왕의 마을로 간다.

g. "영웅들이 여기에 산다" 사람들이 말한다.

h. "너는 어디로 가는가" 라마가 묻는다.

05

a. atra vasāmi iti putraḥ vadati
(atra vasāmīti putro vadati)

b. aśvāḥ gajāḥ ca grāmāt āgacchanti
(aśvā gajāś ca grāmād āgacchanti)

c. narān smarasi iti nṛpaḥ bālam pṛcchati
(narān smarasīti nṛpo bālaṃ pṛcchati)
(문맥으로 인용문이 의문문임을 이해할 수 있다)

d. grāmam gacchāmi iti rāmaḥ vadati
(grāmaṃ gacchāmīti rāmo vadati)

e. bālāya grāmam gacchāmi iti rāmaḥ vadati
(bālāya grāmaṃ gacchamīti rāmo vadati)

f. kutra vīraḥ gacchati
(kutra vīro gacchati)

g. vīraḥ grāmam gacchati iti nṛpaḥ vadati
(vīro grāmaṃ gacchatīti nṛpo vadati)

h. atra nṛpasya putraḥ vasati
(atra nṛpasya putraḥ vasati)

i. nṛpasya putrāḥ grāmāt āgacchanti
(nṛpasya putrā grāmād āgacchanti)

j. naraḥ gajān rāmam vadati
(naro gajān rāmaṃ vadati)

06

a. 두 사람이 마을에서 온다.
b. "저는 여기 있습니다" 소년이 왕에게 말한다.
c. "그는 어디서 사느냐" 영웅이 아들에게 묻는다.
d. "나는 라마와 함께 산다" 아들이 말한다.
e. 사람의 아들들이 거기에 서 있다.
f. 여기에 영웅의 코끼리가 있다.
g. "너는 라마를 기억하는가" 소년들이 사람에게 묻는다.
h. "마을은 어디 있느냐" 사람이 아들에게 묻는다.
i. "마을은 거기에 있다" 아들이 사람에게 말한다.
j. "나는 코끼리를 위해 마을에 간다" 사람이 말한다.

07

a. kutra gacchasi iti nṛpaḥ bālam pṛcchati
(kutra gacchasīti nṛpo bālaṃ pṛcchati)

b. aśvam gacchāmi iti bālaḥ vadati
(aśvaṃ gacchāmīti bālo vadati)

c. grāmāṇām nṛpaḥ narān vadati
(grāmāṇāṃ nṛpo narān vadati)

d. aśvāt gajāt ca bālau āgacchataḥ

(aśvād gajāc ca bālāv āgacchataḥ)

e. rāmeṇa saha bālaḥ vasati

(rāmeṇa saha bālo vasati)

f. atra rāmasya putrāḥ bhavanti iti vīraḥ vadati

(atra rāmasya putrā bhavantīti vīro vadati)

g. tatra bālāḥ tiṣṭhanti iti nṛpaḥ vadati

(tatra bālās tiṣṭhantīti nṛpo vadati)

h. grāmam gacchāmi iti vīrasya putraḥ vadati

(grāmaṃ gacchāmīti vīrasya putro vadati)

i. atra mṛgābhyām saha aśvau āgacchataḥ

(atra mṛgābhyāṃ sahāśvāv āgacchataḥ)

j. tatra nṛpasya aśvau bhavataḥ

(tatra nṛpasyāśvau bhavataḥ)

제7과

연습문제 정답

01

a.	purāṇa	e.	gacchati	i.	aśva
b.	gandharva	f.	candra	j.	putrasya
c.	chandaḥ	g.	jyotiṣa	k.	śiṣyaḥ
d.	vyākaraṇa	h.	kalpa	l.	tiṣṭhanti

03

a.	사람들이(m., No., pl.)	f.	사슴과(m., ins., sg.)
b.	두 손이(m., No., du.), 혹은 두 손을(m., Ac., du.)	g.	코끼리들과(m., ins., pl.)
c.	소년들의(m., Ge., pl.)	h.	영웅들을(m., Ac., pl.)
d.	왕으로부터(m., Ab., sg.)	i.	마을들에(m., Lo., pl.)
e.	라마를 위해(m., Da., sg.)	j.	선생을 위해(m., Da., sg.)

04

a. 학생이 해와 달을 본다.

b. 오, 라마여. 코끼리들이 마을에 서 있다.

c. “영웅은 마을에 산다” 선생이 학생에게 말한다.

d. “달은 어디에 있는가” 아들이 묻는다.

e. 두 소년이 저기 코끼리 위에 서 있다.

f. “아들아, 달이 어디에 있느냐” 영웅이 소년에게 물었다.

g. 선생의 학생이 서고 말한다.

h. 라마 없이 영웅은 마을에서 온다.

i. 영웅의 소년이 자신은 마을에 산다고 생각한다.

05

a. bālāḥ grāmam gacchanti iti nṛpaḥ vīram vadati
(bālā grāmaṃ gacchantīti nṛpo vīraṃ vadati)

b. nṛpeṇa vinā bālāḥ āgacchanti

(nṛpeṇa vinā bālā āgacchanti)

c. vīrasya haste putraḥ bhavati

(vīrasya haste putro bhavati)

d. kutra bhavāmi iti bālaḥ cintayati

(kutra bhavāmīti bālaś cintayati)

e. kutra narāḥ bhavanti iti vīrasya putram pṛcchati

(kutra narā bhavantīti vīrasya putraṃ pṛcchati)

f. sūryaḥ candraḥ na bhavati iti ācāryaḥ śiṣyam vadati

(sūryaś candro na bhavatīty ācāryaḥ śiṣyaṃ vadati)

g. grāme nṛpaḥ vasati

(grāme nṛpo vasati)

h. tatra nṛpasya gajāḥ bhavanti

(tatra nṛpasya gajā bhavanti)

06

a. 소년은 라마 없이 마을에 간다.

b. 왕의 코끼리들은 어디에 있는가.

c. “나는 여기에 있다” 소년은 사람에게 말한다.

d. 해가 없이는 너는 달을 보지 못한다.

e. 선생이 학생들에게 말한다.

f. “나는 달을 본다” 소년은 생각한다.

g. 마을들의 왕이 여기에 온다.

h. 왕은 영웅의 말을 본다.

i. “해와 달은 어디에 있는가” 소년이 묻는다.

j. 학생들은 사람을 기억하지 않는다.

07

a. कुत्र गच्छसि इति बालः नृपस्य पुत्रम् पृच्छति ।

kutra gacchasi iti bālaḥ nṛpasya putram pṛcchati

(kutra gacchasīti bālo nṛpasya putraṃ pṛcchati)

b. मृगौ ग्रामे भवतः ।
mṛgau grāme bhavataḥ
(mṛgau grāme bhavataḥ)

c. आचार्यः वीरस्य पुत्रम् वदति ।
ācāryaḥ vīrasya putram vadati
(ācāryo vīrasya putraṃ vadati)

d. नृपः सूर्यम् चन्द्रम् च पश्यति ।
nṛpaḥ sūryam candram ca paśyati
(nṛpaḥ sūryaṃ candraṃ ca paśyati)

e. सूर्येण विना चन्द्रम् न पश्यामः ।
sūryeṇa vinā candram na paśyāmaḥ
(sūryeṇa vinā candraṃ na paśyāmaḥ)

f. वीरः नृपस्य गजे भवति ।
vīraḥ nṛpasya gaje bhavati
(vīro nṛpasya gaje bhavati)

g. ग्रामेषु वसामः इति बालाः वदन्ति ।
grāmeṣu vasāmaḥ iti bālāḥ vadanti
(grāmeṣu vasāma iti bālā vadanti)

h. रामः अश्वेभ्यः गजान् गच्छति ।
rāmaḥ aśvebhyaḥ gajān gacchati
(rāmo 'śvebhyo gajān gacchanti)

i. कुत्र गच्छावः इति बालः नृपम् पृच्छति ।
kutra gacchāvaḥ iti bālaḥ nṛpam pṛcchati
(kutra gacchāva iti bālo nṛpaṃ pṛcchati)

j. शिष्यैः सह ग्रामे आचार्यः वसति ।
śiṣyaiḥ saha grāme ācāryaḥ vasati
(śiṣyaiḥ saha grāme ācāryaḥ vasati)

08

1. ṛṣi(현자)
2. āsana(자리)
3. ahaṃkāra(자아의식, "나를 만드는 것")
4. guṇa(속성)
5. jñāna(지식)
6. kuru-kṣetra(쿠루족의 들판)
7. karma(행위)
8. dhyāna(명상)
9. darśana(비전 혹은 철학체계)
10. duḥkha(고통)
11. veda(지식)
12. citta(마음)
13. citta-vṛtti(마음작용)
14. avidyā(무지)
15. avyakta(미현현)
16. dhāraṇā(총지)
17. ātman(자아)
18. ānanda(환희)
19. aṣṭāṅga-yoga(팔지요가)
20. tat tvam asi(너는 그것이다)
21. nāma-rūpa(개념과 형상)
22. upaniṣad(가까이 앉다)
23. nitya(영원한)
24. dharma(의무 혹은 유지하는 것)

제8과 연습문제 정답

02

a. पुत्रेणात्र
b. सहाचार्यः
c. तत्रेति
d. इत्यत्र
e. इत्याचार्यः
f. देवावागच्छतः
g. नरेऽत्र
h. वन इति
i. फलानीति
j. स्मरत्यत्र

03

a. gacchati iti
b. gajau āgacchataḥ
c. pṛcchati āgacchati ca
d. gacchāmi iti
e. haste iti
f. nṛpasya aśvaḥ
g. aśve atra
h. kutra aśvaḥ
i. kutra iti
j. gacchati atra

05

a. 라마는 마을에서 숲으로 간다.
b. 불사는 지식의 열매이다.
c. “지식은 진리이다” 소년이 논서에서 읽는다.
d. “너희들은 불사의 아들들이다” 선생이 학생들에게 말한다.
e. 어떻게 선생들은 찬가들을 기억하는가.
f. 라마는 그가 논서에서 진리를 보았다고 말한다.
g. “찬가들에 대한 지식은 어디에 있는가” 영웅이 아들에게 묻는다.
h. 왕은 소년에게 책을 읽어준다.

06

a. gajaḥ vanasya nṛpaḥ na bhavati
gajaḥ vanasya nṛpaḥ na bhavati(모음 연성법 적용)
गजः वनस्य नृपः न भवति ।(모음 연성법 적용)
(गजो वनस्य नृपो न भवति ।)(모든 연성법 적용)

b. katham candram paśyasi
katham candram paśyasi
कथम् चन्द्रम् पश्यसि ।
(कथं चन्द्रं पश्यसि ।)

c. mṛgam paśyāmi iti rāmaḥ cintayati
mṛgam paśyāmīti rāmaḥ cintayati
मृगम् पश्यामीति रामः चिन्तयति ।
(मृगं पश्यामीति रामश्चिन्तयति ।)

d. phalam bālasya hastayoḥ bhavati(혹은 phalāni)
phalam bālasya hastayoḥ bhavati
फलम् बालस्य हस्तयोः भवति ।
(फलं बालस्य हस्तयोर्भवति ।)

e. katham rāmeṇa vinā nṛpaḥ vasati
katham rāmeṇa vinā nṛpaḥ vasati
कथम् रामेण विना नृपः वसति ।
(कथं रामेण विना नृपो वसति ।)

f. rāmaḥ nṛpaḥ bhavati
rāmaḥ nṛpaḥ bhavati
रामः नृपः भवति ।
(रामो नृपो भवति ।)

g. nṛpaḥ rāmaḥ bhavati

nṛpaḥ rāmaḥ bhavati

नृपः रामः भवति ।

(नृपो रामो भवति ।)

h. vīraḥ amṛtānām grāme vasati

vīraḥ amṛtānām grāme vasati

वीरः अमृतानाम् ग्रामे वसति ।

(वीरोऽमृतानां ग्रामे वसति ।)

07

a. 해가 없이 어떻게 사람들이 왕을 볼 수 있는가.

b. 학생들의 선생이 책을 읽는다.

c. "여기 숲에 과일들이 있다" 소년이 영웅에게 말한다.

d. 사슴은 숲에 살고 코끼리는 마을에 산다.

e. "지혜는 책에 있지 않다" 선생은 말한다.

f. 책이 없이 학생은 지식을 기억한다.

g. "라마여, 사슴과 함께 어디로 가는가" 아들이 묻는다.

h. 사람이 책을 소년에게 읽어준다.

08

a. kutra amṛtasya jñānam paṭhasi

kutrāmṛtasya jñānam paṭhasi(모음 연성법 적용)

कुत्रामृतस्य ज्ञानम् पठति ।(모음 연성법 적용)

(कुत्रामृतस्य ज्ञानं पठति ।)(모든 연성법 적용)

b. katham aśvaiḥ vinā rāmaḥ vanam gacchati

katham aśvaiḥ vinā rāmaḥ vanam gacchati

कथम् अश्वैः विना रामः वनम् गच्छति ।

(कथमश्वैर्विना रामो वनं गच्छति ।)

c. pustake sūktāni bhavanti iti ācāryaḥ śiṣyān vadati
pustake sūktāni bhavantīty ācāryaḥ śiṣyān vadati
पुस्तके सूक्तानि भवन्तीत्याचार्यः शिष्यान् वदति ।
(पुस्तके सूक्तानि भवन्तीत्याचार्यः शिष्यान्वदति ।)

d. rāmaḥ satyam paśyati satyam vadati ca
rāmaḥ satyam paśyati satyam vadati ca
रामः सत्यम् पश्यति सत्यम् वदति च ।
(रामः सत्यं पश्यति सत्यं वदति च ।)

e. sūryam candram ca paśyāmi iti nṛpasya putraḥ vadati
sūryam candram ca paśyāmīti nṛpasya putraḥ vadati
सूर्यम् चन्द्रम् च पश्यामीति नृपस्य पुत्रः वदति ।
(सूर्यं चन्द्रं च पश्यामीति नृपस्य पुत्रो वदति ।)

f. jñānena vinā tatra ācāryāḥ śiṣyāḥ vā na bhavanti
jñānena vinā tatra ācāryāḥ śiṣyāḥ vā na bhavanti
ज्ञानेन विना तत्राचार्याः शिष्याः वा न भवन्ति ।
(ज्ञानेन विना तत्राचार्याः शिष्या वा न भवन्ति ।)

g. vīraḥ amṛtam bālān vadati
vīraḥ amṛtam bālān vadati
वीरः अमृतम् बालान् वदति ।
(वीरो ऽमृतं बालान्वदति ।)

h. grāmāt aśvāḥ gajāḥ bālāḥ ca āgacchanti
grāmāt aśvāḥ gajāḥ bālāḥ cāgacchanti
ग्रामात् अश्वाः गजाः बालाः चागच्छन्ति ।
(ग्रामादश्वा गजा बालाश्चागच्छन्ति ।)

09

1. purāṇa(고대의)
2. rāma(라마, 라마야나의 주인공)
3. puruṣa(사람 혹은 의식)
4. prakṛti(본성)
5. prajñā(지혜)
6. sītā(시타, 라마의 아내)
7. sukham(즐거움)
8. saṃyama(팔지요가 중 마지막 삼지)
9. saṃsāra(윤회)
10. saṃskāra(잠재인상)
11. saṃskṛta(완성된, 함께 이루어진)
12. satyam(진리)
13. rāma-rājya(라마의 왕국)
14. rāmayāṇa(라마야나, 인도 2대 서사시의 하나)
15. śiṣya(학생)
16. sthita-prajña(확고한 지혜를 가진 자)
17. bhagavad-gītā(바가바드 기타, 신의 노래)
18. samādhi(삼매)
19. yoga(요가)
20. buddha(붓다)
21. mahābhārata(마하바라타, 인도 2대 서사시의 하나)
22. prajñāparādha(오류)
23. vedānta(베단타, 베다의 끝)
24. veda-līlā(지식의 유희)

원숭이와 악어 이야기

1. tatra gaṅgāyām kumbhīraḥ bhavati
(tatra gaṅgāyāṃ kumbhīro bhavati)

2. vānaraḥ taṭe vasati
(vānaras taṭe vasati)

3. vānaraḥ phalāni kumbhīrāya nikṣipati
(vānaraḥ phalāni kumbhīrāya nikṣipati)

4. kumbhīraḥ phalāni khādati
(kumbhīraḥ phalāni khādati)

5. bhāryā vānarasya hṛdayam icchati
(bhāryā vānarasya hṛdayam icchati)

6. hṛdayam vṛkṣe bhavatīti vānaraḥ vadati
(hṛdayaṃ vṛkṣe bhavatīti vānaro vadati)

7. kaścit hṛdayam corayatīti vānaraḥ vadati
(kaścid hṛdayaṃ corayatīti vānaro vadati)

8. evam kumbhīraḥ vānaraḥ ca mitre tiṣṭhataḥ
(evaṃ kumbhīro vānaraś ca mitre tiṣṭhataḥ)

1. 저기 갠지스 강에 악어가 한 마리 있다.
2. 원숭이 한 마리는 강 언덕에 산다.
3. 원숭이는 악어를 위해 열매들을 던진다.
4. 악어는 열매들을 먹는다.
5. 아내는 원숭이의 심장을 원한다.
6. "심장은 나무에 있다" 원숭이는 말한다.
7. "누군가가 심장을 훔쳐갔다" 원숭이는 말한다.
8. 이리하여 악어와 원숭이는 친구로 남았다(우정 위에 서 있다).

제9과 연습문제 정답

01

a. रामो गच्छति
b. बाला आगच्छन्ति
c. वीरावागच्छतः
d. शिष्योऽत्र
e. राम इति
f. देवाः स्मरन्ति
g. पुत्रः पश्यति
h. अश्वे वदति

02

a. रामः गच्छति
b. कुत्र आगच्छसि
c. सूर्यः चन्द्रः च
d. गजैः वीरः
e. अश्वाः आगच्छन्ति
f. रामः पुत्रः च
g. गजैः सह
h. फलयोः जलम्

03.

a. 영웅은 소년을 갖고 있다(영웅에게는 소년이 있다).
b. 행복은 지식의 열매이다.
c. 학생들은 선생을 위해 집으로부터 물을 얻는다.
d. "라마는 물을 위해 그곳에 간다." 영웅은 말한다.
e. 학생이 선생을 모신다.
f. 학생들은 선생으로부터 지식을 얻는다.
g. 라마여. 어떻게 그대는 고를 정복하는가.
h. 아들은 왕의 말을 타고 집으로부터 간다.
i. "불사는 행복의 열매이다" 그는 생각한다.
j. 선생은 지혜의 책을 학생에게 읽어준다.

04

a. जलम् रामस्य हस्तयोः भवति ।
जलम् रामस्य हस्तयोर्भवति ।
(जलं रामस्य हस्तयोर्भवति ।)

b. बालः पुस्तकम् पठति ।
बालः पुस्तकम् पठति ।
(बालः पुस्तकं पठति ।)

c. वीरः नृपस्य गृहे एव तिष्ठति ।
वीरो नृपस्य गृह एव तिष्ठति ।
(वीरो नृपस्य गृह एव तिष्ठति ।)

d. बालाः वनात् फलानि लभन्ते ।
बाला वनात् फलानि लभन्ते ।
(बाला वनात्फलानि लभन्ते ।)

e. ज्ञानेन दुःखम् जयसि इति आचार्यः वदति ।
ज्ञानेन दुःखम् जयसीत्याचार्यो वदति ।
(ज्ञानेन दुःखं जयसीत्याचार्यो वदति ।)

f. फलात् बालः जलम् लभते ।
फलात् बालो जलम् लभते ।
(फलाद्बालो जलं लभते ।)

g. सूर्ये चन्द्रे च सत्यम् पश्यामि इति रामः वदति ।
सूर्ये चन्द्रे च सत्यम् पश्यामीति रामो वदति ।
(सूर्ये चन्द्रे च सत्यं पश्यामीति रामो वदति ।)

h. ज्ञानेन विना दुःखम् भवति।
ज्ञानेन विना दुःखम् भवति।
(ज्ञानेन विना दुःखं भवति।)

i. ग्रामात् न आगच्छामि इति नृपस्य पुत्रः वदति।
ग्रामात् नागच्छामीति नृपस्य पुत्रो वदति।
(ग्रामान्नागच्छामीति नृपस्य पुत्रो वदति।)

j. वीरः बालः च वने वसतः।
वीरो बालश्च वने वसतः।
(वीरो बालश्च वने वसतः।)

라마야나

1. ayodhyāyām daśaratho nāmo nṛpo vasati
(ayodhyāyāṃ daśaratho nāmo nṛpo vasati)

2. daśarathasya catvāraḥ putrā bhavanti
(daśarathasya catvāraḥ putrā bhavanti)

3. putrā rāmo bharato lakṣmaṇaḥ śatrughno bhavanti
(putrā rāmo bharato lakṣmaṇaḥ śatrughno bhavanti)

4. rāmaḥ sundaraḥ śānto vīraś ca bhavati
(rāmaḥ sundaraḥ śānto vīraś ca bhavati)

5. nṛpo rāme snihyati
(nṛpo rāme snihyati)

6. rāmo mithilām lakṣmaṇena saha gacchati
(rāmo mithilāṃ lakṣmaṇena saha gacchati)

7. tatra rāmaḥ sītām paśyati
(tatra rāmaḥ sītāṃ paśyati)

8. sītāyām snihyāmīti rāmo vadati
(sītāyāṃ snihyāmīti rāmo vadati)

1. 아요디야에 다샤라타라는 이름의 왕이 산다.
2. 다샤라타에게는 네 명의 아들들이 있다.
3. 아들들은 라마, 바라타, 락슈마나, 샤트루그나이다.
4. 라마는 미남이고 유순하면서 강하다.
5. 왕은 라마를 사랑한다.
6. 라마는 락슈마나와 함께 미틸라에 간다.
7. 거기서 라마는 시타를 본다.
8. "나는 시타를 사랑한다" 라마는 말한다.

제10과

연습문제 정답

01

a. मम पुत्रो गच्छति ।
내 아들이 간다.

b. तव गजो मत्तवां गच्छति ।
너의 코끼리가 나로부터 너에게 간다.

c. मम हस्तौ पुस्तकेषु स्तः ।
내 두 손이 책 위에 있다.

d. अहं नृपोऽस्मि ।
나는 왕이다.

e. वयमश्वे तिष्ठामः ।
우리는 말 위에 서 있다.

f. त्वं मम पुस्तकं पठसि ।
너는 내 책을 읽는다.

g. रामस्तव नृपोऽस्ति ।
라마는 너의 왕이다.

h. यूयं गृहे स्थ ।
너희들은 집에 있다.

i. अस्माकं नृपः कुपितोऽस्ति ।
우리들의 왕은 화가 났다.

j. त्वया सहाहं गच्छामि ।
나는 너와 함께 간다.

k. धार्मिको नृपो भीतोऽस्ति ।
덕망있는 왕이 두려워한다.

l. सुन्दरस्त्वम् ।
너는 아름답다.

02

a. 왕에게 아들이 한 명 있다.

b. 아, 라마가 다시 말한다.

c. 나는 몹시 두렵다.

d. 선생들도 책들을 읽는다.

e. 라마라는 이름의 왕이 숲에 있다.

f. “어떻게 내가 너의 집에 가는가” 학생이 묻는다.

g. 영웅이 내 마을을 정복한다.

h. 아들이 아름다운 열매로부터 물을 얻는다.

i. 즐거움이 없이는 고통이 있다.

j. 코끼리는 아름답다고 아들이 생각한다.

03

a. शिष्यः आचार्यात् भीतः न अस्ति ।
शिष्य आचार्याद्भीतो नास्ति ।

b. त्वम् शास्त्रेभ्यः ज्ञानम् लभसे ।
त्वं शास्त्रेभ्यो ज्ञानं लभसे ।

c. तत्र बालः अस्ति इति वीरः आचार्यम् वदति ।
तत्र बालोऽस्तीति वीर आचार्यं वदति ।

d. अहम् मृगम् आचार्यम् पृच्छामि ।
अहं मृगमाचार्यं पृच्छामि ।

e. कुत्र गच्छसि इति बालः पृच्छति ।
कुत्र गच्छसीति बालः पृच्छति ।

f. पुनर् वीरः मम गृहम् आगच्छति ।
पुनर्वीरो मम गृहमागच्छति ।

g. तव आचार्यः सत्यम् वदति ।
तवाचार्यः सत्यं वदति ।

h. अस्माकम् अश्वाः ग्रामे तिष्ठन्ति ।
अस्माकमश्वा ग्रामे तिष्ठन्ति ।

i. अस्ति नृपः रामः नाम अस्माकम् ग्रामे ।
अस्ति नृपो रामो नामास्माकं ग्रामे ।

j. कथम् त्वत् नृपस्य अश्वान् लभे ।
कथं त्वन्नृपस्याश्वांल्लभे ।

제11과

연습문제 정답

01

a.	रमेण सह	라마와 함께
b.	शास्त्राणि	논서들
c.	फले अश्वे स्तः ।	과일 두 개가 말 위에 있다. (양수어미에 연성법이 적용되지 않는 경우에 대해서는 93을 보라)
d.	स गच्छति ।	그는 간다.
e.	स बाल आगच्छति ।	그 소년이 온다.
f.	बालो मामागच्छति ।	소년이 내게 온다.
g.	सा बाला मामागच्छति ।	그 소녀가 내게 온다.
h.	तां गच्छति ।	그는 그녀에게 간다.
i.	स बालो गच्छति ।	저 소년이 간다.
j.	सा बाला गच्छति ।	저 소녀가 간다.
k.	स बाल इव गच्छामि ।	저 소년처럼 나도 간다.
l.	अहो राम	여, 라마여.
m.	तस्मिन्वने स वसति ।	그는 저 숲에 산다.
n.	सीताया माला	시타의 화환

02

a. 저 군대가 왕을 정복한다.

b. 라마처럼 소년은 덕이 있다.

c. 네 아이가 이야기를 읽는다.

d. 아이들이 코끼리의 그림자에 서 있다.

e. 시타는 왕의 딸이다.

f. 그는 선생의 아내를 모신다.

g. 왕에게는 딸이 있다.

h. 지식으로 학생은 불사를 얻는다.

i. 저 소녀처럼, 시타는 집에 간다.

03

a. अस्ति कन्या सीता नाम तस्मिन् ग्रामे ।
अस्ति कन्या सीता नाम तस्मिन्ग्रामे ।

b. धार्मिकस्य नृपस्य पुत्रिका अतीव भीता भवति ।
धार्मिकस्य नृपस्य पुत्रिकातीव भीता भवति ।

c. पुनर् माम् वदति इति सा प्रजा वदति ।
पुनर्मां वदतीति सा प्रजा वदति ।

d. अहो अहम् ताम् कथाम् स्मरामि इति कन्या वदति ।
अहो अहं तां कथां स्मरामीति कन्या वदति ।

e. विद्यया अमृतम् लभसे । अविद्यया दुःखम् लभसे ।
विद्ययामृतं लभसे । अविद्यया दुःखं लभसे ।

f. ताः कन्याः इव सीता पुस्तकानि पठति ।
ताः कन्या इव सीता पुस्तकानि पठति ।

g. कुत्र आवयोः पुत्रिका अस्ति इति वीरः तस्य भार्याम् पृच्छति ।
कुत्रावयोः पुत्रिकास्तीति वीरस्तस्य भार्यां पृच्छति ।

h. रामस्य भार्या सीता अस्ति ।
रामस्य भार्या सीतास्ति ।

i. वीरः मालाम् लभते एवम् च भार्याम् लभते ।
वीरो मालां लभत एवं च भार्यां लभते ।

j. सीतया विना सूर्येण विना इव अस्मि इति रामः वदति ।
सीतया विना सूर्येण विनेवास्मीति रामो वदति ।

04 원숭이와 악어 이야기

a. 갠지스 강에 악어가 한 마리 있다.
b. 그의 친구인 원숭이는 강 언덕에 산다.
c. 매일 원숭이는 익은 열매들을 던진다.
d. 악어는 열매들을 먹는다.
e. "원숭이의 심장은 맛있다" 악어의 아내는 말한다.
f. 아내는 원숭이의 심장을 먹고 싶어 한다.
g. "여어, 원숭이야. 우리 집에 오너라" 악어는 원숭이에게 말한다.
h. "좋아" 원숭이는 말한다.
i. 악어는 원숭이를 등에 태워 데려 간다.
j. 갠지스강 가운데서 악어는 사실을 말한다.
k. "내 심장은 나무에 있다" 원숭이는 말한다.
l. "날 다시 그곳에 데려가 줘" 원숭이는 말한다.
m. 악어는 원숭이를 갠지스강 언덕에 데려간다.
n. 원숭이는 나무에 뛰어 오른다.
o. 원숭이는 나무 구멍을 본다.
p. "누군가 내 심장을 훔쳐갔다" 원숭이는 말한다.
q. 이리하여 악어와 원숭이는 친구로 남았다.

제12과 연습문제 정답

01

a. 불을 본 후 말이 집으로부터 간다.

b. 학생이 마을에 산다.

c. 성자들이 논서들의 찬가들을 본다.

d. 왕이 열 번째 손님을 모신다.

e. 마을을 정복한 후 왕은 명성을 얻는다.

f. 완성을 이룬 자가 마을에 산다.

g. "라마여, 그대는 어디로 가는가" 두 번째 영웅이 묻는다.

h. 책을 읽은 후 시인을 그것을 생각한다.

i. 진리와 함께 평화가 온다.

j. "우리는 대지에 산다" 신하들이 말한다.

02

a. सेनाम् जित्वा वीरः भूमौ कीर्तिम् लभते ।१।
सेनां जित्वा वीरो भूमौ कीर्तिं लभते ।१।

b. सीता रामः च इव शिष्यः वनम् गच्छति ।२।
सीता रामश्चेव शिष्यो वनं गच्छति ।२।

c. तृतीयम् तस्याः अतिथिम् सेवित्वा सीता रामम् वदति ।३।
तृतीयं तस्या अतिथिं सेवित्वा सीता रामं वदति ।३।

d. कथायाम् रामः कीर्तिम् लभते ।४।
कथायां रामः कीर्तिं लभते ।४।

e. वीरः अविद्याम् न जयते ।५।
वीरोऽविद्यां न जयते ।५।

f. नृपः रामः नाम अतीव धार्मिकः अस्ति ।६।
नृपो रामो नामातीव धार्मिकोऽस्ति ।६।

g. कथम् सिद्धिम् लभसे इति द्वितीयः शिष्यः पृच्छति ।७।
कथं सिद्धिं लभस इति द्वितीयः शिष्यः पृच्छति ।७।

h. तस्य भार्यया सह वने उषित्वा नृपः रामः नाम ग्रामम् गच्छति ।८।
तस्य भार्यया सह वन उषित्वा नृपो रामो नाम ग्रामं गच्छति ।८।

i. शान्तिम् सिद्धिम् कीर्तिम् च लब्ध्वा ऋषिः सुन्दरम् वनम् गच्छति ।९।
शान्तिं सिद्धिं कीर्तिं च लब्ध्वर्षिः सुन्दरं वनं गच्छति ।९।

j. गजे एवम् तस्य भार्याम् दृष्ट्वा वीरः ताम् गच्छति ।१०।
गज एवं तस्य भार्यां दृष्ट्वा वीरस्तां गच्छति ।१०।

제13과

연습문제 정답

01

a. 평화가 있는 곳에 완성이 있다.

b. 내 아내의 딸인 소녀가 여기에 산다.

c. "시타는 왕의 아름다운 딸이다" 라마는 말한다.

d. 말들이 이 곳에 오지 않았으므로 사람들과 소년이 그 곳에 간다.

e. 강에 간 후 두 친구는 책을 읽는다.

f. 군대가 왕을 섬길 때, 덕망있는 왕은 승리한다.

g. 만약 사람이 완성을 얻으면 그는 성자가 된다.

h. 시인은 그의 손님인 소년에게 시를 읽어준다.

i. 소년과 함께 사람은 아름다운 강으로 간다.

j. 영웅은 내가 온 마을을 기억한다.

02

a. नद्याः जलम् बालः लभते ।१।
नद्या जलं बालो लभते ।१।

b. यत् वाप्याम् अस्ति तत् फलम् पत्नी पश्यति ।२।
यद्वाप्यामस्ति तत्फलं पत्नी पश्यति ।२।

c. मालाम् लब्ध्वा अस्माकम् अतिथिः ग्रामम् गच्छति ।३।
मालां लब्ध्वास्माकमतिथिर्ग्रामं गच्छति ।३।

d. यदा तस्य पत्नी तम् सेवते तदा सः नृपः इव वसति ।४।
यदा तस्य पत्नी तं सेवते तदा स नृप इव वसति ।४।

e. या रामस्य भार्या भवति सा सीता भूमौ कीर्तिम् लभते ।५।
या रामस्य भार्या भवति सा सीता भूमौ कीर्तिं लभते ।५।

f. यः बालः आगच्छति तम् धार्मिकः नृपः पश्यति ।६।
यो बाल आगच्छति तं धार्मिको नृपः पश्यति ।६।

g. शिष्यः मत्वा नदीम् कविम् पृच्छति ।७।
शिष्यो मत्वा नदीं कविं पृच्छति ।७।

h. सा सुन्दरी पत्नी दुःखेन विना वसति ।८।
सा सुन्दरी पत्नी दुःखेन विना वसति ।८।

i. यः नरः पश्यति तस्मै अविद्या छाया इव भवति ।९।
यो नरः पश्यति तस्मा अविद्या छायेव भवति ।९।

j. यदा नृपस्य पुत्रिका आगच्छति तदा प्रजाः तिष्ठन्ति ।१०।
यदा नृपस्य पुत्रिकागच्छति तदा प्रजास्तिष्ठन्ति ।१०।

제14과

연습문제 정답

03

a. 학생이 물을 가져왔을 때 선생은 그것을 마신다.

b. 소년이 코끼리들을 연못으로 데리고 갔다(산스크리트에서는 이중 목적격이 자주 사용된다).

c. 시인이 마을에 접근하는 사람에게 말한다.

d. “영웅이 성난 왕으로부터 마을을 구한다” 라마가 말했다.

e. 연못에 있는 코끼리를 본 후 성자가 웃었다.

f. “나는 당신의 아름다운 아내를 압니다” 소녀는 영웅에게 말했다.

g. 아내는 그녀가 사는 집으로 돌아왔다.

h. 성자는 평화 진실 완성 불사 그리고 즐거움을 안다.

i. 영웅이 군대로부터 마을을 보호했다.

j. 아름다운 왕을 본 후 소년은 웃었다.

04

a. कविः पुस्तकम् अपठत् जलम् अपिबत् इव ।१।
कविः पुस्तकमपठज्जलमपिबदिव ।१।

b. कथम् सेनायाः ग्रामम् गोपायामि इति वीरः अपृच्छत् ।२।
कथं सेनाया ग्रामं गोपायामीति वीरोऽपृच्छत् ।२।

c. कथम् ऋषयः अग्निना विना अवसन् ।३।
कथमृषयोऽग्निना विनावसन् ।३।

d. यदि अश्वाः नदीम् प्रतिगच्छन्ति तदा बालः तान् वनम् नयति ।४।
यद्यश्वा नदीं प्रतिगच्छन्ति तदा बालस्तान्वनं नयति ।४।

e. यदा नरः दुःखम् न बोधते तदा सिद्धिम् उपगच्छति ।५।
यदा नरो दुःखं न बोधते तदा सिद्धिमुपगच्छति ।५।

f. नृपः रामः नाम तस्य भार्यायै सीतायै मालाम् आनयत् ।६।
नृपो रामो नाम तस्य भार्यायै सीतायै मालामानयत् ।६।

g. नरः अविद्याम् विद्यया जयति ।७।
नरोऽविद्यां विद्यया जयति ।७।

h. तत् जलम् नद्याः आगच्छत् तत् प्रजा अपिबत् ।८।
तज्जलं नद्या आगच्छत्तत्प्रजापिबत् ।८।

i. कन्या नदीम् दृष्ट्वा तस्याः गृहम् प्रत्यगच्छत् ।९।
कन्या नदीं दृष्ट्वा तस्या गृहं प्रत्यगच्छत् ।९।

j. बालः वनात् नदीम् अश्वान् अनयत् ।१०।
बालो वनान्नदीमश्वाननयत् ।१०।

제15과

연습문제 정답

03

a. 이야기를 이해한 후 성자는 웃었다.
b. 라마와 시타는 강에서 물을 즐겼다.
c. 손님이 접근할 때 소년들이 일어선다.
d. 손님이 접근했을 때 소년들이 일어섰다.
e. 평화가 있는 곳에 즐거움이 있다.
f. 딸이 왕의 집에서 태어난다.
g. 지혜로 무지를 정복한 후 성자는 태양과 같이 빛난다.
h. "여어, 라마여. 어떻게 너는 그 코끼리 위에서 일어서는가" 소년이 물었다.
i. 숲에서 과일을 즐긴 후 영웅의 아내는 집으로 돌아갔다.
j. 라마는 그의 아들인 소년에게 미소지었다.
k. 선생이 말했을 때 학생들이 일어섰다.

04

다음 문장은 연성법이 적용된 것이다. 그러나 어려운 연성법이 적용된 경우에는 연성법이 적용되지 않은 문장을 먼저 제시하였다.

a. यथातिथिः फलमरमत तथा गृहं पुनः प्रतिगच्छति ।१।
b. स्मित्वा सीता सुन्दरीं बालामवदत् ।२।
c. गजादागत्य बालस्तं ग्राममुपागच्छत् ।३।
d. नरस्य पुत्रोऽस्तीत्यवगच्छति ।४।
e. फलाज्जलं पीत्वा कन्योत्तिष्ठति ।५।
f. यदा चन्द्रः शोभते तदा वने छायाः पश्यसि ।६।
g. यदा बालो गजं पश्यति तदा स्मयते हसति च ।७।
h. नरस्तस्य पत्नी च तत्सुन्दरं गृहं रमेते ।८।
i. यदा तस्य पुत्रः उदभवत् तदा वीरः अस्मयत ।९।
यदा तस्य पुत्र उदभवत्तदा वीरऽस्मयत ।९।
j. यः नरः तिष्ठति तस्मात् कन्या फलानि अलभत ।१०।
यो नरस्तिष्ठति तस्मात्कन्या फलान्यलभत ।१०।
k. यतः सूर्यश्चन्द्रे शोभते ततश्चन्द्रोऽस्मासु शोभते ।११।

제16과

연습문제 정답

05

a. 크리슈나는 말과 사슴 그리고 코끼리를 보호했다
(문맥에 따라 '말들 사슴들 코끼리들'로도 해석할 수 있다).
b. 사랑스러운 왕 라마는 마을의 소년들에게 웃어주었다.
c. 소녀는 그녀의 그림자로 햇빛으로부터 아이를 지켰다.
d. 자아를 아는 자는 행위를 즐긴다
(이 경우 '행위'는 때때로 복수형으로도 사용된다).
e. 아이는 검은 말의 행동을 보고 웃었다.
f. 그녀가 그의 이름을 말했을 때 소년은 일어섰다.
g. 그의 사랑스러운 아들에게 다가간 후 영웅은 웃었다.
h. 소년과 소녀는 빛나는 왕의 두 아이이다.
i. 하얀 말이 숲에 있었다.
j. 마을에 라마라는 이름의 왕이 있었다.

06

a. कृष्णोऽश्वो नद्या जलं पिबति ।१।
b. य आत्मानं बोधति स कर्माकर्मं रमते ।२।
c. राज्ञो नाम कृष्ण आसीत् ।३।
d. राजा पुत्रस्य रमणीयानि कर्माणि रमते ।४।
e. प्रियः वीरः सिद्धि असिद्धिम् अवागच्छत् ।५।
प्रियो वीरः सिद्ध्यसिद्धिमवागच्छत् ।५।
f. बालो गजादागच्छति गृहं च प्रतिगच्छति ।६।
g. यो नागच्छति न गच्छति स आत्मा ।७।
h. यदा राजोपागच्छत्तदा बालबाला उतिष्ठन् ।८।
i. यः नरः राजा आसीत् सः कृष्णात् वनात् आगच्छत् ।९।
यो नरो राजासीत्स कृष्णाद्वनादागच्छत् ।९।
j. आत्मनः ज्ञानम् सूर्यचन्द्रयोः ज्ञानम् अपि अस्ति ।१०।
आत्मनो ज्ञानं सूर्यचन्द्रयोर्ज्ञानमप्यस्ति ।१०।

제17과

연습문제 정답

04

a. "내 아버지는 거기에 갈 것이다" 소년이 그의 어머니에게 말했다.
b. "언제 너의 형이 물을 얻을 것인가" 아버지가 물었다.
c. 아버지와 어머니는 물로부터 가족을 보호할 것이다.
d. "언제 너는 숲으로부터 올 것인가" 라마는 그의 형에게 물었다.
e. 그의 아버지를 모신 후 라마는 왕이 될 것이다.
f. 그녀가 그녀의 오빠를 생각할 때 그녀는 미소지었다.
g. 어머니는 그녀의 아이에게 즐거움을 주는 사람이다.
h. 자아를 정복하는 자는 행복을 만드는 자이다.
i. 물을 마신 후 그는 그의 어머니의 책을 읽을 것이다.
j. 라마는 그의 형과 함께 숲에서 살 것이다.

05

a. यदा मम स्वसा उदभवत् तदा सा मम मातरम् अस्मयत ।१।
यदा मम स्वसोदभवत्तदा सा मम मातरमस्मयत ।१।
b. मम कुलस्य नाम ऋषेः नाम्नः भवति ।२।
मम कुलस्य नामर्षेर्नाम्नो भवति ।२।
c. कदा राजानं वदिष्यामीति तस्याः पितामन्यत ।३।
d. तस्याः पितुः पत्नी तस्या माता भवति ।४।
e. मम पितास्माकं कुले शान्तेः कर्तास्ति ।५।
f. भ्रातास्वसारौ वनात्फलानि लप्स्येते ।६।
g. वीरः वने अग्नेः राजानम् गोप्स्यति ।७।
वीरो वनेऽग्नेः राजानं गोप्स्यति ।७।
h. राज्ञः पुत्रस्य भ्रातरो न भवन्ति ।८।
i. कदा शिष्याः धार्मिकात् आचार्यात् ज्ञानम् लप्स्यन्ते ।९।
कदा शिष्या धार्मिकादाचार्याज्ज्ञानं लप्स्यन्ते ।९।
j. वाप्याम् त्वाम् अपश्यम् इति राजा सुन्दरम् पुत्रम् वदति ।१०।
वाप्यां त्वामपश्यमिति राजा सुन्दरं पुत्रं वदति ।१०।

제18과

연습문제 정답

04

a. 흰 암소가 연못에 서서 물을 마신다.

b. 성자가 적을 정복했다.

c. 만약 숲이 과일로 가득하다면 그때 암소는 그곳에 간다.

d. 내 어머니는 작은 책을 읽고 그것을 즐긴다.

e. 선생은 많은 즐거움을 주는 자다.

f. 작은 소년이 흰 태양처럼 빛난다.

g. 네가 자아를 이해할 때 너는 많은 즐거움의 원인이다.

h. 언제 즐거운 왕이 적으로부터 우리 가족을 보호할 것인가.

i. 빠른 소녀가 과일을 가지고 숲으로부터 온다.

j. 선생의 즐거움의 원인은 그의 학생들의 성취이다.

k. “지혜의 적은 무지이다” 소년이 말했다.

05

a. सुन्दराल्पधेनुर्वाप्या जलमपिबत् ।१।

b. शीघ्रकृष्णाश्वोऽलपे ग्रामे तिष्ठित ।२।

c. शत्रुं जित्वा सेना शान्तिसुखे रंस्यते ।३।

d. अविद्या सत्यशत्रुः ।४।

e. आत्मानं बुद्ध्व स कर्माकर्मस्य हेतुमवागच्छत् ।५।

f. प्रजा सुन्दरे वनेऽल्पगृह उदभवत् ।६।

g. शिष्यस्तस्य गुरवे सुन्दरमालामानेष्यति ।७।

h. वनं फलपूर्णं भवति वापी च जलपूर्ण भवति ।८।

i. तस्य कुलं दृष्ट्वा पिता जलाय वनमगचच्छत् ।९।

j. कदा सुन्दरी धेनुरत्र शीघ्रनद्या आगमिष्यति ।१०।

k. धेनुं दृष्ट्वा रमणीयो बालो वाप्यां जलं रमते ।११।

표

어간: nara (m.) 사람 (104쪽)

	단수	양수	복수
주격	नरः	नरौ	नराः
목적격	नरम्	नरौ	नरान्
구격	नरेण	नराभ्याम्	नरैः
여격	नराय	नराभ्याम्	नरेभ्यः
탈격	नरात्	नराभ्याम्	नरेभ्यः
속격	नरस्य	नरयोः	नराणाम्
처격	नरे	नरयोः	नरेषु
호격	नर	नरौ	नराः

*gaja의 구격 단수형은 gajena이고 속격 복수형은 gajānām이다.
nareṇa와 narāṇām의 r는 n를 ṇ로 변화시킨다(144-145페이지 참조)

a
중성

어간 : phala (n.) 과일(94쪽)

	단수	양수	복수
주격	फलम्	फले	फलानि
목적격	फलम्	फले	फलानि
구격	फलेन	फलाभ्याम्	फलैः
여격	फलाय	फलाभ्याम्	फलेभ्यः
탈격	फलात्	फलाभ्याम्	फलेभ्यः
속격	फलस्य	फलयोः	फलानाम्
처격	फले	फलयोः	फलेषु
호격	फल	फले	फलानि

ā
여성

어간 : senā (f.) 군대(147쪽)

	단수	양수	복수
주격	सेना	सेने	सेनाः
목적격	सेनाम्	सेने	सेनाः
구격	सेनया	सेनाभ्याम्	सेनाभिः
여격	सेनायै	सेनाभ्याम्	सेनाभ्यः
탈격	सेनायाः	सेनाभ्याम्	सेनाभ्यः
속격	सेनायाः	सेनयोः	सेनानाम्
처격	सेनायाम्	सेनयोः	सेनासु
호격	सेने	सेने	सेनाः

i
남성,여성

어간 : agni (m.) 불; kīrti (f.) 명성, 칭찬(163쪽)

	단수	양수	복수
주격	अग्निः	अग्नी	अग्नयः
목적격	अग्निम्	अग्नी	अग्नीन् कीर्तीः
구격	अग्निना	कीर्त्या	अग्निभ्याम् अग्निभिः
여격	अग्नये कीर्त्यै	अग्निभ्याम्	अग्निभ्यः
탈격	अग्नेः कीर्त्याः	अग्निभ्याम्	अग्निभ्यः
속격	अग्नेः कीर्त्याः	अग्न्योः	अग्नीनाम्
처격	अग्नौ कीर्त्याम्	अग्न्योः	अग्निषु
호격	अग्ने	अग्नी	अग्नयः

(여성의 경우) 단수 여격 탈격 속격 그리고 처격은 여성형 어미를 선택적으로 취한다. 예를 들어 여성 여격 단수는 kīrtaye 혹은 kīrtyai이다. 여성 구격 단수는 kīrtyā이다.

어간 : nadī (f.) 강(173쪽)

	단수	양수	복수
주격	नदी	नद्यौ	नद्यः
목적격	नदीम्	नद्यौ	नदीः
구격	नद्या	नदीभ्याम्	नदीभिः
여격	नद्यै	नदीभ्याम्	नदीभ्यः
탈격	नद्याः	नदीभ्याम्	नदीभ्यः
속격	नद्याः	नद्योः	नदीनाम्
처격	नद्याम्	नद्योः	नदीषु
호격	नदि	नद्यौ	नद्यः

an
남성

어간 : rājan (m.) 왕 : ātman (m.) 자아

	단수	양수	복수
주격	राजा	राजानौ	राजानः
목적격	राजानम्	राजानौ	राज्ञः आत्मनः
구격	राज्ञा आत्मना	राजभ्याम्	राजभिः
여격	राज्ञे आत्मने	राजभ्याम्	राजभ्यः
탈격	राज्ञः आत्मनः	राजभ्याम्	राजभ्यः
속격	राज्ञः आत्मनः	राज्ञोः आत्मनोः	राज्ञाम् आत्मनाम्
처격	राज्ञि आत्मनि	राज्ञोः आत्मनोः	राजसु
호격	राजन्	राजानौ	राजानः

an
중성

어간 : nāman (n.) 이름(209쪽)

	단수	양수	복수
주격	नाम	नाम्नी नामनी	नामानि
목적격	नाम	नाम्नी नामनी	नामानि
구격	नाम्ना	नामभ्याम्	नामभिः
여격	नाम्ने	नामभ्याम्	नामभ्यः
탈격	नाम्नः	नामभ्याम्	नामभ्यः
속격	नाम्नः	नाम्नोः	नाम्नाम्
처격	नाम्नि नामनि	नाम्नोः	नामसु
호격	नामन् नाम	नाम्नी नामनी	नामानि

ṛ
남성, 여성

어간 : dātṛ (m.) 주는 사람, svasṛ (f.) 자매(220쪽)

	단수	양수	복수
주격	दाता	दातारौ	दातारः
목적격	दातारम्	दातारौ	दातॄन् स्वसॄः
구격	दात्रा	दातृभ्याम्	दातृभिः
여격	दात्रे	दातृभ्याम्	दातृभ्यः
탈격	दातुः	दातृभ्याम्	दातृभ्यः
속격	दातुः	दात्रोः	दातॄणाम्
처격	दातरि	दात्रोः	दातृषु
호격	दातर्	दातारौ	दातारः

(다음 명사들은 다른 격에서는 dātṛ와 같이 활용한다.)

어간: pitṛ (m.) 아버지 ; mātṛ (f.) 어머니 ; bhrātṛ (m) 형제

주격	pitā	pitarau	pitaraḥ
목적격	pitaram	pitarau	pitṝn / bhrātṝn / mātṝḥ

어간 : hetu (m.) 원인 ; dhenu (f.) 소(231쪽)

	단수	양수	복수
주격	हेतुः	हेतू	हेतवः
목적격	हेतुम्	हेतू	हेतून् धेनूः
구격	हेतुना धेन्वा	हेतुभ्याम्	हेतुभिः
여격	हेतवे धेन्वै	हेतुभ्याम्	हेतुभ्यः
탈격	हेतोः धेन्वाः	हेतुभ्याम्	हेतुभ्यः
속격	हेतोः धेन्वाः	हेत्वोः	हेतूनाम्
처격	हेतौ धेन्वाम्	हेत्वोः	हेतुषु
호격	हेतो	हेतू	हेतवः

mad
asmad

어간 : mad (단수) 나; asmad (복수) 우리(130쪽)

	단수		양수		복수	
주격	अहम्		आवाम्		वयम्	
목적격	माम्	मा	आवाम्	नौ	अस्मान्	नः
구격	मया		आवाभ्याम्		अस्माभिः	
여격	मह्यम्	मे	आवाभ्याम्	नौ	अस्मभ्यम्	नः
탈격	मत्		आवाभ्याम्		अस्मत्	
속격	मम	मे	आवयोः	नौ	अस्माकम्	नः
처격	मयि		आवयोः		अस्मासु	

tvad
yuṣmad

어간 : tvad (단수) 당신 ; yuṣmad (복수) 당신들(131쪽)

	단수		양수		복수	
주격	त्वम्		युवाम्		यूयम्	
목적격	त्वाम्	त्वा	युवाम्	वाम्	युष्मान्	वः
구격	त्वया		युवाभ्याम्		युष्माभिः	
여격	तुभ्यम्	ते	युवाभ्याम्	वाम्	युष्मभ्यम्	वः
탈격	त्वत्		युवाभ्याम्		युष्मत्	
속격	तव	ते	युवयोः	वाम्	युष्माकम्	वः
처격	त्वयि		युवयोः		युष्मासु	

tad
남성

어간 tad (m) 그 남자(148쪽)

	단수	양수	복수
주격	सः	तौ	ते
목적격	तम्	तौ	तान्
구격	तेन	ताभ्याम्	तैः
여격	तस्मै	ताभ्याम्	तेभ्यः
탈격	तस्मात्	ताभ्याम्	तेभ्यः
속격	तस्य	तयोः	तेषाम्
처격	तस्मिन्	तयोः	तेषु

단수주격 saḥ는 대체로 sa로 나타난다는 것을 기억하라. (149쪽 5를 보라)

tad
중성

어간 tad (n.) 그 사람(149쪽)

	단수	양수	복수
주격	तत्	ते	तानि
목적격	तत्	ते	तानि
구격	तेन	ताभ्याम्	तैः
여격	तस्मै	ताभ्याम्	तेभ्यः
탈격	तस्मात्	ताभ्याम्	तेभ्यः
속격	तस्य	तयोः	तेषाम्
처격	तस्मिन्	तयोः	तेषु

tad
여성

어간 tad (f.) 그 여자(150쪽)

	단수	양수	복수
주격	सा	ते	ताः
목적격	ताम्	ते	ताः
구격	तया	ताभ्याम्	ताभिः
여격	तस्यै	ताभ्याम्	ताभ्यः
탈격	तस्याः	ताभ्याम्	ताभ्यः
속격	तस्याः	तयोः	तासाम्
처격	तस्याम्	तयोः	तासु

동사

어근	현재	동명사	미래	한국어
अव गम्	अवगच्छति	अवगत्य अवगम्य	अवगमिष्यति	이해하다
आ गम्	आगच्छति	आगत्य आगम्य	आगमिष्यति	오다
आ नी	आनयति	आनीय	आनेष्यति	가져오다
उद् भू	उद्भवति	उद्भूय	उद्भविष्यति	태어나다
उद् सथा	उत्तिष्ठति	उत्स्थाय	उत्स्थास्यति	일어서다
उप + गम्	उपगच्छति	उपगत्य उपगम्य	उपगमिष्यति	접근하다
गम्	गच्छति	गत्वा	गमिष्यति	가다
गुप्	गोपायति	गोपित्वा	गोप्स्यति	보호하다
चिन्त्	चिन्तयति चिन्तयते	चिन्तयित्वा	चिन्तयिष्यति चिन्तयिष्यते	생각하다
जि	जयति	जित्वा	जेष्यति	정복하다
दृश्	पश्यति	दृष्ट्वा	द्रक्ष्यति	보다
नी	नयति नयते	नीत्वा	नेष्यति नेष्यते	인도하다
पठ्	पठति	पठित्वा	पठिष्यति	읽다
पश्	पश्यति	दृष्ट्वा	द्रक्ष्यति	보다

पा	पिबति	पीत्वा	पास्यति	마시다
प्रछ्	पृच्छति	पृष्ट्वा	प्रक्ष्यति	묻다
प्रति गम्	प्रतिगच्छति	प्रतिगत्य प्रतिगम्य	प्रतिगमिष्यति	돌아가다, 되돌아오다
बुध्	बोधति बोधते	बुद्ध्वा	बोधिष्यति बोधिष्यते	알다
भाष्	भाषते	भाषित्वा	भाषिष्यते	말하다
भू	भवति	भूत्वा	भविष्यति	이다
मन्	मन्यते	मत्वा	मंस्यते	생각하다
रम्	रमते	रत्वा	रंस्यते	즐기다
लभ्	लभते	लब्ध्वा	लप्स्यते	얻다
वद्	वदति	उदित्वा	वदिष्यति	말하다
वस्	वसति	उषित्वा	वत्स्यति	살다
शुभ्	शोभते	शोभित्वा	शोभिष्यति	빛나다
सेव्	सेवते	सवित्वा	सेविष्यते	섬기다
स्था	तिष्ठति	स्थित्वा	स्थास्यति	서다
स्मि	सम्यते	स्मित्वा	स्मेष्यते	웃다
समृ	स्मरति	समृत्वा	स्मरिष्यति	기억하다
हस्	हसति	हसित्वा	हसिष्यति	웃다

√as
직설법 현재

	단수	양수	복수
3인칭	अस्ति	स्तः	सन्ति
2인칭	असि	स्थः	स्थ
1인칭	अस्मि	स्वः	स्मः

√as
직설법 과거

	단수	양수	복수
3인칭	आसीत्	आस्ताम्	आसन्
2인칭	आसीः	आस्तम्	आस्त
1인칭	आसम्	आस्व	आस्म

현재

파라스마이파다

어근: √gam(P.) 가다

	단수	양수	복수
3인칭	गच्छति	गच्छतः	गच्छन्ति
2인칭	गच्छसि	गच्छथः	गच्छाथ
1인칭	गच्छामि	गच्छावाः	गच्छामः

현재

아트마네파다

어근: √bhāṣ (Ā.) 말하다

	단수	양수	복수
3인칭	भाषते	भाषेते	भाषन्ते
2인칭	भाषसे	भाषेथे	भाषध्वे
1인칭	भाषे	भाषावहे	भाषामहे

동사어미

	현재 파라이스마이파다			현재 아트마네파다		
	단수	양수	복수	단수	양수	복수
3인칭	ति	तस्	अन्ति	ते	इते	अन्ते
2인칭	सि	थस्	थ	से	इथे	ध्वे
1인칭	मि	वस्	मस्	इ	वहे	महे

정동사를 형성할 때는 연성법에 따라 s가 ḥ로 변한다.

과거

파라스마이파다

어근: √gam(P.) 가다

	단수	양수	복수
3인칭	अगच्छत्	अगच्छताम्	अगच्छन्
2인칭	अगच्छः	अगच्छतम्	अगच्छत
1인칭	अगच्छम्	अगच्छाव	अगच्छाम

과거

아트마네파다

어근 : √bhāṣ(Ā) 말하다

	단수	양수	복수
3인칭	अभाषत	अभाषेताम्	अभाषन्त
2인칭	अभाषथाः	अभाषेथाम्	अभाषध्वम्
1인칭	अभाषे	अभाषावहि	अभाषामहि

과거

동사어미

	과거 파라이스마이파다			과거 아트마네파다		
	단수	양수	복수	단수	양수	복수
3인칭	त्	ताम्	अन्	त	इताम्	अन्त
2인칭	स्	तम्	त	थास्	इथाम्	ध्वम्
1인칭	अम्	व	म	इ	वहि	महि

정동사를 형성할 때는 연성법에 따라 s가 ḥ로 변한다.

접두사

अति	가로질러, 넘어, 초월하여, 지나
अधि	위로, 넘어서, ~에 관하여
अनु	뒤에, 따라서
अप	떨어져, 분리하여
अपि	붙어서
अभि	~에 대하여
अव	분리하여, 아래로
आ	뒤로, ~로, 충분히
उद्	위로, 밖으로
उप	~로, 가까이, 종속적인
दुस्	나쁜, 어려운, 힘든
नि	아래로, 속으로
निस्	~로부터, 앞으로, ~이 없는, 완전히
परा	분리, 떨어져서, 앞으로, 따라서
परि	둘레, 주위
प्र	앞으로
प्रति	뒤로, 반대방향으로, 각각
वि	분리, 떨어져
सम्	함께
सु	잘, 좋은, 바른, 쉬운

숫자

기수사

1	१	하나	एक
2	२	둘	द्वि
3	३	셋	त्रि
4	४	넷	चतुर्थ
5	५ (५)	다섯	पञ्च
6	६	여섯	षष्
7	७	일곱	सप्त
8	८ (८)	여덟	अष्ट
9	९ (९)	아홉	नव
10	१०	열	दश

서수사

첫째	प्रथम
둘째	द्वितीय
셋째	तृतीय
넷째	चतुर्थ 혹은 तुरीय
다섯째	पञ्चम
여섯째	षष्ठ
일곱째	सप्तम
여덟째	अष्टम
아홉째	नवम
열째	दशम

외연성

모음

앞 단어 끝 모음							뒷 단어 첫 모음
a/ā	i/ī	u/ū	ṛ	e	ai	au	
ā	ya	va	ra	e '	ā a	āva	a
ā	yā	vā	rā	a ā	ā ā	āvā	ā
e	ī	vi	ri	a i	ā i	āvi	i
e	ī	vī	rī	a ī	ā ī	āvī	ī
o	yu	ū	ru	a u	ā u	āvu	u
o	yū	ū	rū	a ū	ā ū	āvū	ū
ar	yṛ	vṛ	ṝ	a ṛ	ā ṛ	āvṛ	ṛ
ai	ye	ve	re	a e	ā e	āve	e
ai	yai	vai	rai	a ai	ā ai	āvai	ai
au	yo	vo	ro	a o	ā o	āvo	o
au	yau	vau	rau	a au	ā au	āvau	au

어말의 ḥ (1)

앞 단어 끝 문자				
모든 모음 + r 모든 모음 + ḥ (aḥ, āḥ 제외)	āḥ	aḥ	뒷 단어 첫 문자	
ḥ혹은 r은 다음과 같이 변화한다				
r	ā	a(2)	모음	(a)
r	ā	o	g / gh	
r	ā	o	j / jh	
r	ā	o	ḍ / ḍh	
r	ā	o	d / dh	
r	ā	o	b / bh	(b)
r	ā	o	비음(n / m)	
r	ā	o	y / v	
-(1)	ā	o	r	
r	ā	o	l	
r	ā	o	h	
ḥ	āḥ	aḥ	k / kh	
ś	āś	aś	c / ch	
ṣ	āṣ	aṣ	ṭ / ṭh	
s	ās	as	t / th	
ḥ	āḥ	aḥ	p / ph	(c)
ḥ	āḥ	aḥ	ś	
ḥ	āḥ	aḥ	ṣ / s	
ḥ	āḥ	aḥ	휴지위치	

(1) i, u가 ḥ 앞에 오면 ḥ는 소실되고, ī, ū가 된다.
a, i, u가 r 앞에 오면 r은 소실되고, ā, ī, ū가 된다.

(2) aḥ + a = o '는 제외한다. 예를 들면,

रामः + अत्र = रामो ऽत्र

rāmaḥ atra = rāmo 'tra

어말 s는 어말 ḥ와 같은 규칙을 따른다.

표

어말의 ḥ (2)

a	ā	
i	ī	
u	ū	
ṛ	ṝ	(a) 모음
ḷ		
e	ai	
o	au	

ḥ		ka	kha	ga	gha	ṅa	
ś		ca	cha	ja	jha	ña	
ṣ		ṭa	ṭha	ḍa	ḍha	ṇa	
s		ta	tha	da	dha	na	
ḥ		pa	pha	ba	bha	ma	
				ya	ra	la	va
ḥ	śa	ṣa	sa	ha			
ḥ	휴지위치						
	(c) 무성 자음			(b) 유성자음			

(a) 뒷 단어가 모음으로 시작할 경우 :

aḥ는 a가 된다(aḥ + a = o '는 제외)

āḥ는 ā가 된다

다른 모음 뒤의 ḥ는 r가 된다

(b) 뒷 단어가 유성자음으로 시작할 경우 :

aḥ는 o가 된다

āḥ는 ā가 된다

다른 모음 뒤의 ḥ는 r가 된다(뒷 단어가 r로 시작할 때는 제외한다)

(c) 뒷 단어가 무성 자음으로 시작할 경우 어떤 모음 뒤에 오든 ḥ는 표의 왼쪽과 같이 변화한다.

표

어말의 t, n, m	앞 단어의 마지막 문자		뒷 단어의 첫 문자
t	n	m	
d	n[1]	m	모음
d	n	ṃ	g / gh
j	ñ	ṃ	j / jh
ḍ	ṇ	ṃ	ḍ / ḍh
d	n	ṃ	d / dh
d	n	ṃ	b / bh
n	n	ṃ	비음(n / m)
d	n	ṃ	y / v
d	n	ṃ	r
l	ṃl	ṃ	l
d(dh)[3]	n	ṃ	h
t	n	ṃ	k / kh
c	ṃś	ṃ	c / ch
ṭ	ṃṣ	ṃ	ṭ / ṭh
t	ṃs	ṃ	t / th
t	n	ṃ	p/ph
c(ch)[4]	ñ(ch)[2]	ṃ	ś
t	n	ṃ	ṣ/s
t	n	m	휴지위치

1 n 앞의 모음이 단모음이면 n은 nn이 된다.

2 뒤따르는 ś는 ch가 된다.

3 뒤따르는 h는 dh가 된다.

4 뒤따르는 ś는 ch가 된다.

어말의 n

어말 n는 다음에 오는 단어의 첫 문자가 굵은 글씨일 때만 변화한다.

n의 변화								n의변화
				a	**ā**			
				i	**ī**			
				u	**ū**			nn(e)
				ṛ	**ṝ**			(단모음+n)로
				ḷ				끝날 경우
				e	**ai**			
				o	**au**			
		ka	kha	ga	gha	ṅa		
(a) ṃś		**ca**	**cha**	**ja**	**jha**	ña		ñ (f)
(b) ṃṣ		**ṭa**	**ṭha**	**ḍa**	**ḍha**	ṇa		ṇ (g)
(c) ṃs		**ta**	**tha**	da	dha	na		
		pa	pha	ba	bha	ma		
				ya	ra	la	va	ṃl (h)
(d) ñ(ch)	**śa**	ṣa	sa	ha				
	휴지위치							

(a) n + ca = ṃśca ; n + cha = ṃścha

(b) n + ṭa = ṃṣṭa ; n + ṭha = ṃṣṭha

(c) n + ta = ṃsta ; n + tha = ṃstha

(d) n + śa = ñśa 혹은 ñch

(e) an + a = anna

an + i = anni

ān + u = ānu

(f) n + ja = ñja ; n + jha = ñjha

(g) n + ḍa = ṇḍa ; n + ḍha = ṇḍha

(h) n + la = ṃlla

표

어말의 t	t는 다음을 제외하면 변화없다.							t는 다음을 제외하면 d로 변한다.
				a	ā			
				i	ī			
				u	ū			
				ṛ	ṝ			
				ḷ				
				e	ai			(모든 비음 앞)
				o	au			n (d)
		ka	kha	ga	gha	**ṅa**		
(a) c		**ca**	**cha**	**ja**	**jha**	**ña**		j (e)
(b) ṭ		**ṭa**	**ṭha**	**ḍa**	**ḍha**	**ṇa**		ḍ (f)
		ta	tha	da	dha	**na**		
		pa	pha	ba	bha	**ma**		
				ya	ra	**la**	va	l (g)
(c) c(ch)	**śa**	ṣa	sa	**ha**				d (dh) (h)
	휴지위치							

(a) t + ca = cca ; t + cha = ccha

(b) t + ṭa = ṭṭa ; t + ṭha = ṭṭha

(c) t + śa = ccha

(d) t + 모든 비음 = n비음

(e) t + ja = jja ; t + jha = jjha

(f) t + ḍa = ḍḍa ; t + ḍha = ḍḍha

(g) t + la = lla

(h) t + ha = ddha(ha는 dha가 된다)

어말의 m

(a) 뒷 단어가 자음으로 시작할 때 m는 ṃ가 된다. ṃ는 뒷 단어의 첫 글자에 상응하는 비음으로 발음되거나 또 그렇게 쓸 수도 있다.

(b) 뒷 단어가 모음으로 시작하거나 첫 단어가 휴지 위치일 때는 m는 변화없다. 그 m는 뒷 단어가 자음으로 시작할 때처럼 입이 특정한 접촉점에 접근할 준비를 하고 있지 않기 때문에 변화를 일으키지 않는다.

어말의 r

(a) 뒷 단어가 유성음으로 시작할 경우 어말 r는 변화없다.

(b) 뒷 단어가 무성음으로 시작하거나 휴지 위치일 경우는 어말 s와 같은 규칙을 따른다.

(c) 어말 r는 원래 r였건, s로부터 변화한 것이건 다른 r음 앞에는 올 수 없다. 이 경우 어말 r는 탈락하고 r앞의 모음이 단모음이면 장음화 한다.

어말의 p, ṭ, k

(a) 유성음 앞에서 이들 자음은 유성음으로 변하고, 무성음 앞에서는 변화없다.

(b) 비음 앞에서는 자신의 행에 대응하는 비음으로 변한다.

(c) h 앞에서는 이들 자음은 유성음으로 변하고 h는 이들과 대응하는 유성대기음으로 변한다.

어말의 ṅ

(a) 어말 n과 마찬가지로 어말 ṅ도 단모음 뒤에 오고 뒷 단어가 모음으로 시작할 경우에는 중복된다.

어두의 ch

(a) 앞 단어가 단모음으로 끝날 경우 뒷 단어의 첫 문자 ch는 cch로 바뀐다. 또 ā, mā 뒤에서도 cch로 변한다.

내연성

n ⇨ ṇ

a, ā를 제외한 모음 k, r.	ṃ, ḥ가 와도 무관.	s 는 ṣ로 변한다.	어말의 s거나 s 직후에 r가 올 경우는 예외.

s ⇨ ṣ

r ṛ ṝ ṣ	c, ch, j, jh, ñ ṭ, ṭh, ḍ, ḍh, ṇ t, th, d, dh, l, ś, s 가 사이에 있지 않을 경우	n 는 ṇ로 변한다.	모음, m, y, v, 혹은 n이 뒤에 와야 한다.

범-한

산스크리트		한국어
अग्निः	agniḥ (m.)	불
अति	ati (prefix)	가로질러, 넘어, 초월하여, 지나
अतिथिः	atithiḥ (m.)	손님
अतीव	atīva (ind.)	매우
अत्र	atra (ind.)	여기
अधि	adhi (ind.)	위로, 넘어서, ~에 관하여
अनु	anu (prefix)	뒤에, 따라서
अप	apa (prefix)	떨어져, 분리하여
अपि	api (prefix)	붙어서
अपि	api (ind.)	또한, 역시
अभि	abhi (prefix)	~에 대하여
अमृतम्	amṛtam (n.)	불사, 감로
अल्प	alpa mf(ā)n (adj.)	작은
अव	ava (prefix)	분리하여, 아래로
अव + गम्	ava + √gam avagacchati	그는 이해한다
अविद्या	avidyā (f.)	무지, 무명
अश्वः	aśvaḥ (m.)	말
अष्ट	aṣṭa	여덟
अष्टम	aṣṭama mf(ī)n (adj.)	여덟 번째
अस्	√as asti	있다, 이다
असिद्धिः	asiddhiḥ (f.)	실패
आ	ā (prefix)	뒤로, 돌아
आ गम्	ā + √gam āgacchati	그는 온다
आ नी	ā + √nī ānayati	그는 가져온다
आचार्यः	ācāryaḥ (m.)	선생
आत्मा	ātmā (m.)	자아(an 곡용)

इति	iti (ind.)	인용문의 끝
इव	iva (ind.)	~와 같이, ~인 것처럼
उद्	ud (prefix)	위로, 밖으로
उद् भू	ud+√bhū udbhavati	그는 태어난다
उद् सथा	ud+√sthā uttiṣṭhati	그는 일어선다
उप	upa (prefix)	~가까이
उप गम्	upa+√gam upagacchati	그는 가까이 간다, 접근한다
ऋषिः	ṛṣiḥ (m.)	예언자, 현자
एक	eka	하나
एव	eva (ind.)	다만, 실로
एवम्	evam (ind.)	이와 같이, 이런 식으로
कथम्	katham (ind.)	어떻게
कथा	kathā (f.)	이야기
कदा	kadā (ind.)	언제
कन्या	kanyā (f.)	소녀
कर्ता	kartā (m.)	작자, 행위자(ṛ 곡용)
कर्म	karma (n.)	행위, 업(an 곡용)
कविः	kaviḥ (m.)	시인
कुत्र	kutra (ind.)	어디
कुपित	kupita mf(ā)n (adj.)	화난
कुलम्	kulam (n.)	가족
कीर्तिः	kīrtiḥ (f.)	명성, 명예
कृष्ण	kṛṣṇa mf(ā)n (adj.)	검은
कृष्णः	kṛṣṇaḥ (m.)	크리슈나
गजः	gajaḥ (m.)	코끼리
गम्	√gam gacchati	그는 간다
गुप्	√gup gopāyati	그는 보호한다

गुरु	guru mf(vī)n (adj.)	무거운
गुरुः	guruḥ (m.)	스승
गृहम्	gṛham (n.)	집
ग्रामः	grāmaḥ (m.)	마을
च	ca (ind.)	그리고
चतुर्	catur	넷
चतुर्थ	caturtha mf(ī)n (adj)	네 번째
चन्द्रः	candraḥ (m.)	달
चिन्त्	√cint cintayati	그는 생각한다
छाया	chāyā (f.)	그림자
जलम्	jalam (n.)	물
जि	√ji jayati	그는 정복한다
ज्ञानम्	jñānam (n.)	지식
ततः	tataḥ (ind.)	그러므로
तत्र	tatra (ind.)	거기
तथा	tathā (ind.)	그렇게, 그러므로
तद्	tad (pron.)	그, 그 여자, 그것 (복합어에서 사용된다)
तदा	tadā (pron.)	그때
तुरीय	turīya mf(ā)n (adj.)	네 번째
तृतीय	tṛtīya mf(ā)n (adj.)	세 번째
त्वद्	tvad (pron.)	너(복합어에서 사용된다)
त्रि	tri	셋
दश	daśa	열
दशम	daśama mf(ī)n (adj.)	열 번째
दाता	dātā (m.)	주는 자(ṛ 곡용)
दत्री	dātrī (f.)	주는 여자
दुस्	dus (prefix)	나쁜, 어려운, 힘든

दुःखम्	duḥkham (n.)	고통
दृश्	√dṛś paśyati	그는 본다
द्वि	dvi	둘
द्वितीया	dvitīya mf(ā)n (adj.)	두 번째
धार्मिक	dhārmika mf(ī)n (adj.)	덕망있는
धेनुः	dhenuḥ (f.)	소
न	na (ind.)	부정사
नदी	nadī (f.)	강
नरः	naraḥ (m.)	사람
नव	nava	아홉
नवम	navama mf(ī)n (adj.)	아홉 번째
नाम	nāma (ind.)	~라고 이름하는
नाम	nāma (n.)	이름(an 곡용)
नि	ni (prefix)	아래로, 안으로
निस्	nis (prefix)	밖으로, 앞으로, ~이 없는, 완전히
नी	√nī nayati -te	그는 인도한다
नृपः	nṛpaḥ (m.)	왕
पञ्च	pañca	다섯
पञ्चम	pañcama mf(ā)n (adj.)	다섯 번째
पठ्	√paṭh paṭhati	그는 읽는다
पत्नी	patnī (f.)	아내
परा	parā (prefix)	분리, 앞으로
परि	pari (prefix)	둘레, 주위
पश्	√paś paśyati	그는 본다
पा	√pā pibati	그는 마신다
पिता	pitā (m.)	아버지(ṛ 곡용)
पुत्रः	putraḥ (m.)	아들

पुत्रिका	putrikā (f.)	딸
पुनर्	punar (ind.)	또
पुस्तकम्	pustakam (n.)	책
पूर्ण	pūrṇa mf(ā)n (adj.)	가득한
प्र	pra (prefix)	앞으로
प्रछ्	√prach pṛcchati	그가 묻는다
प्रजा	prajā (f.)	어린이, 신하
प्रति	prati (prefix)	뒤로, 반대방향으로, 각각
प्रति गम्	prati + √gam pratigacchati	그는 돌아간다, 돌아온다
प्रथम	prathama mf(ā)n (adj.)	첫 번째
प्रिय	priya mf(ā)n (adj.)	귀여운, 사랑스런
फलम्	phalam (n.)	과일
बहु	bahu mf(vī 또는 u)n (adj.)	많은
बालः	bālaḥ (m.)	소년
बाला	bālā (f.)	소녀
बुध्	√budh bodhati -te	그는 안다
भार्या	bhāryā (f.)	아내
भाष्	√bhāṣ bhāṣate	그는 말한다
भीत	bhīta mf(ā)n (adj.)	두려운
भू	√bhū bhavati	그는 ~이다
भूमिः	bhūmiḥ (f.)	땅
भ्राता	bhrātā (m.)	형제(ṛ 곡용)
मद्	mad (pron.)	나(복합어에서 사용)
मन्	√man manyate	그는 생각한다
माता	mātā (f.)	어머니(ṛ 곡용)
माला	mālā (f.)	화환
मित्रम्	mitram (n.)	친구

मृगः	mṛgaḥ (m.)	사슴
यतः	yataḥ (ind.)	~이므로
यत्र	yatra (ind.)	~한 곳에
यथा	yathā (ind.)	~하듯이, ~이므로
यद्	yad (rel pro.)	~한 사람, ~한 것
यदा	yadā (ind.)	~할 때
यदि	yadi (ind.)	~라면
युष्मद्	yuṣmad(pron.)	너희들(복합어에서 사용)
रम्	√ram ramate	그는 즐긴다
रमणीय	ramaṇīya mf(ā)n (adj.)	즐거운
राजा	rājā (m.)	왕(an 곡용)
रामः	rāmaḥ (m.)	라마
लभ्	√labh labhate	그는 얻는다
वद्	√vad vadati	그는 말한다
वनम्	vanam (n.)	숲
वस्	√vas vasati	그는 산다
वा	vā (ind.)	혹은
वापी	vāpī (f.)	연못
वि	vi (prefix)	분리, 떨어져
विद्या	vidyā (f.)	지혜
विना	vinā (ind.)	~없이
वीरः	vīraḥ (m.)	영웅
शत्रुः	śatruḥ (m.)	적
शान्तिः	śāntiḥ (f.)	평화, 적정
शास्त्रम्	śāstram (n.)	논서
शिष्यः	śiṣyaḥ (m.)	학생
शीघ्र	śīghra mf(ā)n (adj.)	빠른

शुक्ल	śukla mf(ā)n (adj.)	하얀
शुभ्	√śubh śobhate	그는 빛난다
शोभन	śobhana mf(ā 혹은 ī)n (adj.)	빛나는, 밝은, 아름다운
षष्	ṣaṣ	여섯
षष्ठ	ṣaṣtha mf(ī)n (adj.)	여섯 번째
सत्यम्	satyam (n.)	진리
सप्त	sapta	일곱
सप्तम	saptama mf(ī)n (adj.)	일곱 번째
सम्	sam (prefix)	함께
सह	saha (ind.)	함께
सिद्ध	siddha mf(ā)	완성을 얻은 자
सिद्धिः	siddhiḥ (f.)	완성, 성취, 증명
सीता	sītā(f.)	시타
सु	su (prefix)	좋은, 옳은, 바른, 쉬운
सुखम्	sukham (n.)	즐거움
सुन्दर	sundara mf(ī)n (adj.)	아름다운
सूक्तम्	sūktam (n.)	찬가
सूर्यः	sūrya (m.)	태양
सेना	senā(f.)	군대
सेव्	√sev sevate	그는 섬긴다, 봉사한다
स्था	√sthā tiṣṭhati	그는 일어선다
स्मि	√smi smayate	그는 웃는다
स्मृ	√smṛ smarati	그는 기억한다
स्वसा	svasā(f.)	누이(ṛ 곡용)
हस्	√has hasati	그는 웃는다
हस्तः	hastaḥ (m.)	손
हेतुः	hetuḥ (m.)	원인

한-범

한국어	산스크리트	
가까이	उप	upa
가까이 가다, 접근하다	उप गम्	upa+√gam upagacchati
가다	गम्	√gam gacchati
가득한	पूर्ण	pūrṇa mf(ā)n (adj.)
가로질러, 넘어, 지나	अति	ati (prefix)
가져오다	आ नी	ā + √nī ānayati
가족	कुलम्	kulam (n.)
강	नदी	nadī (f.)
거기	तत्र	tatra (ind.)
검은	कृष्ण	kṛṣṇa mf(ā)n (adj.)
고통	दुःखम्	duḥkham (n.)
과일	फलम्	phalam (n.)
군대	सेना	senā(f.)
귀여운, 사랑스런	प्रि	priya mf(ā)n (adj.)
그, 그녀, 그것(복합어에서)	तद्	tad (pron.)
그때	तदा	tadā (ind.)
그러므로	ततः	tataḥ (ind.)
그렇게, 그러므로	तथा	tathā (ind.)
그리고	च	ca (ind.)
그림자	छाया	chāyā (f.)
기억하다	स्मृ	√smṛ smarati
나(복합어에서)	मद्	mad (pron.)
나쁜, 어려운, 힘든	दुस्	dus (prefix)
너(복합어에서)	त्वद्	tvad (pron.)
너희들(복합어에서)	युष्मद्	yuṣmad(pron.)
네 번째	चतुर्थ	caturtha mf(ī)n (adj)

네 번째	तुरीय	turīya mf(ā)n (adj.)
넷	चतुर्	catur
논서	शास्त्रम्	śāstram (n.)
누이(ṛ 곡용)	स्वसा	svasā(f.)
다만, 실로	एव	eva (ind.)
다섯	पञ्च	pañca
다섯 번째	पञ्चम	pañcama mf(ī)n (adj.)
달	चन्द्र	candra (m.)
대하여	अभि	abhi (prefix)
덕망있는	धार्मिक	dhārmika mf(ī)n (adj.)
돌아가다, 돌아오다	प्रति गम्	prati+√gam pratigacchati
두려운	भीत	bhīta mf(ā)n (adj.)
두 번째	द्वितीया	dvitīya mf(ā)n (adj.)
둘	द्वि	dvi
둘레, 주위	परि	pari (prefix)
뒤로, 돌아	आ	ā (prefix)
뒤로, 반대방향으로, 각각	प्रति	prati (prefix)
뒤에, 따라서	अनु	anu (prefix)
딸	पुत्रिका	putrikā (f.)
땅	भूमि	bhūmi (f.)
떨어져, 분리하여	अप	apa (prefix)
또	पुनर्	punar (ind.)
또한, 역시	अपि	api (ind.)
라마	रामः	rāmaḥ (m.)
마시다	पा	√pā pibati
마을	ग्रामः	grāmaḥ (m.)
많은	बहु	bahu mf(vī 또는 u)n (adj.)

말	अश्वः	aśvaḥ (m.)
말하다	भाष्	√bhā bhāṣate
말하다	वद्	√vad vadati
매우	अतीव	atīva (ind.)
명성, 명예	कीर्तिः	kīrtiḥ (f.)
무거운	गुरु	guru mf(vī)n (adj.)
무지, 무명	अविद्य	avidyā (f.)
묻다	प्रछ्	√prach pṛcchati
물	जलम्	jalam (n.)
밖으로, ~이 없는, 완전히	निस्	nis (prefix)
보다	दृश्	√dṛś paśyati
보다	पश्	√paś paśyati
보호하다	गुप्	√gup gopāyati
부정사	न	na (ind.)
분리, 떨어져	वि	vi (prefix)
분리, 앞으로	परा	parā (prefix)
분리하여, 아래로	अव	ava (prefix)
불	अग्निः	agniḥ (m.)
불사, 감로	अमृतम्	amṛtam (n.)
붙어서	अपि	api (prefix)
빛나는, 밝은, 아름다운	शोभन	śobhana mf(ā 혹은 ī)n (adj.)
빛나다	शुभ्	√śubh śobhate
빠른	शीघ्र	śīghra mf(ā)n (adj.)
사람	नरः	naraḥ (m.)
사슴	मृगः	mṛgaḥ (m.)
살다	वस्	√vas vasati
생각하다	चिन्त्	√cint cintayati

생각하다	मन्	√man manyate
선생	आचार्यः	ācāryaḥ (m.)
섬기다, 봉사하다	सेव्	√sev sevate
세 번째	तृतीय	tṛtīya mf(ā)n (adj.)
셋	त्रि	tri
소녀	कन्या	kanyā (f.)
소녀	बाला	bālā (f.)
소년	बालः	bālaḥ (m.)
손	हस्तः	hastaḥ (m.)
손님	अतिथिः	atithiḥ (m.)
숲	वनम्	vanam (n.)
스승	गुरुः	guruḥ (m.)
시인	कविः	kaviḥ (m.)
시타	सीता	sītā(f.)
실패	असिद्धिः	asiddhiḥ (f.)
아내	पत्नी	patnī (f.)
아내	भार्या	bhāryā (f.)
아들	पुत्रः	putraḥ (m.)
아래로, 안으로	नि	ni (prefix)
아름다운	सुन्दर	sundara mf(ī)n (adj.)
아버지(ṛ곡용)	पिता	pitā (m.)
아홉	नव	nava
아홉 번째	नवम	navama mf(ī)n (adj.)
알다	बुध्	√budh bodhati -te
암소	धेनुः	dhenuḥ (f.)
앞으로	प्र	pra (prefix)
어디	कुत्र	kutra (ind.)

어떻게	कथम्	katham (ind.)
어린이, 신하	प्रजा	prajā (f.)
어머니(ṛ곡용)	माता	mātā (f.)
언제	कदा	kadā (ind.)
얻다	लभ्	√labh labhate
없이	विना	vinā (ind.)
여기	अत्र	atra (ind.)
여덟	अष्ट	aṣṭa
여덟 번째	अष्टम	aṣṭama mf(ī)n (adj.)
여섯	षष्	ṣaṣ
여섯 번째	षष्ठ	ṣaṣtha mf(ī)n (adj.)
여어, 이봐	अहो	aho (ind.)
연못	वापी	vāpī (f.)
열	दश	daśa
열 번째	दशम	daśama mf(ī)n (adj.)
영웅	वीरः	vīraḥ (m.)
예언자, 성자	ऋषिः	ṛṣiḥ (m.)
오다	आ गम्	ā + √gam āgacchati
완성, 성취, 증명	सिद्धिः	siddhiḥ (f.)
완성을 얻은 자(남성)	सिद्धः	siddhaḥ (m.)
완성을 얻은 자(여성)	सिद्धा	siddhā (f.)
왕	नृपः	nṛpaḥ (m.)
왕(an 곡용)	राजा	rājā(m.)
우리(복합어에서 사용된다)	अस्मद्	asmad (pro.)
웃다	स्मि	√smi smayate
웃다	हस्	√has hasati
원인	हेतुः	hetuḥ (m.)

위로, 넘어서, ~에 관하여	अधि	adhi (ind.)
위로, 밖으로	उद्	ud (prefix)
이다, 되다	भू	√bhū bhavati
이름(an 곡용)	नाम	nāma (n.)
(~라는) 이름의	नाम	nāma (ind.)
이야기	कथा	kathā (f.)
이와 같이, 이런 식으로	एवम्	evam (ind.)
이해하다	अव + गम्	ava+√gam avagacchati
인도하다	नी	√nī nayati -te
인용문의 끝	इति	iti (ind.)
일곱	सप्त	sapta
일곱 번째	सप्तम	saptama mf(ī)n (adj.)
일어서다	उद् सथा	ud+√sthā uttiṣṭhati
일어서다	स्था	√sthā tiṣṭhati
읽다	पठ्	√paṭh paṭhati
있다, 이다	अस्	√as asti
자아(an 곡용)	आत्मा	ātmā (m.)
작은	अल्प	alpa mf(ā)n (adj.)
작자, 행위자(ṛ 곡용)	कर्ता	kartā (m.)
적	शत्रुः	śatruḥ (m.)
정복하다	जि	√ji jayati
좋은, 옳은, 바른, 쉬운	सु	su (prefix)
주는 자(ṛ 곡용)	दाता	dātā (m.)
주는 자(여성형)	दात्री	dātrī (f.)
즐거운	रमणीय	ramaṇīya mf(ā)n (adj.)
즐거움	सुखम्	sukham (n.)
즐기다	रम्	√ram ramate

지식	ज्ञानम्	jñānam (n.)
지혜	विद्या	vidyā (f.)
진리	सत्यम्	satyam (n.)
집	गृहम्	gṛham (n.)
찬가	सूक्तम्	sūktam (n.)
책	पुस्तकम्	pustakam (n.)
첫 번째	प्रथम	prathama mf(ā)n (adj.)
친구	मित्रम्	mitram (n.)
코끼리	गजः	gajaḥ (m.)
크리슈나	कृष्णः	kṛṣṇaḥ (m.)
태양	सूर्यः	sūryaḥ (m.)
태어나다	उद् भू	ud+√bhū udbhavati
평화, 적정	शान्तिः	śāntiḥ (f.)
하나	एक	eka
하얀	शुक्ल	śukla mf(ā)n (adj.)
학생	शिष्यः	śiṣyaḥ (m.)
함께	सम्	sam (prefix)
함께	सह	saha (ind.)
행위, 업(an 따름)	कर्म	karma (n.)
형제(ṛ 곡용)	भ्राता	bhrātā (m.)
혹은	वा	vā (ind.)
화난	कुपित	kupita mf(ā)n (adj.)
화환	माला	mālā (f.)
~와 같이, ~인 것처럼	इव	iva (ind.)
~라면	यदि	yadi (ind.)
~이므로	यतः	yataḥ (ind.)
~하듯이, ~이므로	यथा	yathā (ind.)
~한 곳에	यत्र	yatra (ind.)
~한 사람, ~한 것	यदि	yad (rel pro.)
~할 때	यदा	yadā (ind.)

산스크리트 인용문

ऋचो अक्षरे परमे व्योमन्
यसमिन्देवा अधि विश्वे निषेदुः ।
यस्तन्न वेद किमृचा करिष्यति
य इत्तद्विदुस्त इमे समासते ॥

ṛco akṣare parame vyoman
yasmin devā adhi viśve niṣeduḥ
yas tan na veda kim ṛcā kariṣyati
ya it tad vidus ta ime samāsate
Ṛk Saṃhitā 1.164.39

베다의 찬가는 파괴되지 않는 최상의 허공에 있네
그곳은 신들이 전 우주에 관계하며 머무네
이것을 알지 못하는 자가, 그에게 찬가들은 무엇을 할 것인가
이것을 아는 자, 바로 그들은 평등하게 머무네.

ṛco	akṣare	parame	vyoman
찬가	파괴되지 않는	최상의	허공
yasmin	devā	adhi viśve	niṣeduḥ
어떤 곳	신들	우주에 관하여	머물다
yas	tan	na veda	kim
어떤 사람	이것	모르다	무엇
ṛcā	kariṣyati	ya	it tad
찬가들	할 것이다	어떤 사람	이것
vidus	ta ime	samāsate	
알다	그들	평등히 머물다	

1. निस्त्रैगुण्यो भवार्जुन ।

nistraiguṇyo bhavārjuna

세 요소가 없이, 있으라, 아르주나여.

세 요소가 없이 있으라, 아르주나여.

Bhagavad-Gītā 2.45

2. योगस्थः कुरु कर्माणि ।

yogasthaḥ kuru karmāṇi

요가에 기반한, 행위하라, 행위들

요가에 기반하여 행위하라.

Bhagavad-Gītā 2.48

3. प्रकृतिं स्वामवष्टभ्य विसृजामि पुनः पुनः ।

prakṛtiṃ svām avaṣṭabhya visṛjāmi punaḥ punaḥ

본성, 자신의, 근거하여, 나는 창조한다. 다시, 다시

내 자신의 본성에 근거하여 나는 계속 창조한다.

Bhagavad-Gītā 9.8

4. मयाध्यक्षेण प्रकृतिः सूयते सचराचरम् ।

mayādhyakṣeṇa prakṛtiḥ sūyate sacarācaram

나의 감독에 의해, 본성이, 창조하다, 움직이는 것과 움직이지 않는 것

나의 감독 아래 본성은 모든 움직이는 것과 움직이지 않는 것을 창조한다.

Bhagavad-Gītā 9.10

Mahāvākyas
위대한 말씀

1. अहं ब्रह्मास्मि ।

aham̩ brahmāsmi

나는, 브라흐만, 이다

나는 브라흐만이다.

Bṛhadāraṇyaka Upaniṣad 1.4.10

2. तत्त्वमसि ।

tat tvam asi

그것, 너는, 이다

너는 그것이다.

Chāndogya Upaniṣad 6.11

3. सर्वं खल्विदं ब्रह्म ।

sarvaṃ khalv idaṃ brahma

모든 것, 실로, 이것, 브라흐만

실로 이 모든 것은 브라흐만이다.

Chāndogya Upaniṣad 3.14.1

4. प्रज्ञानं ब्रह्म ।

prajñānaṃ brahma

지혜, 브라흐만

브라흐만은 지혜이다.

Aitareya Upaniṣad 3.1.3

1. पूर्णमदः पूर्णमिदं पूर्णात्पूर्णमुदच्यते ।
पूर्णस्य पूर्णमादाय पूर्णमेवावशिष्यते ॥
pūrṇam adaḥ pūrṇam idaṃ pūrṇāt pūrṇam udacyate
pūrṇasya pūrṇam ādāya pūrṇam evāvaśiṣyate
Īśa Upaniṣad(백야주르베다 우파니샤드 도입게송)

pūrṇam adaḥ pūrṇam idaṃ pūrṇāt pūrṇam udacyate
충만한, 저것, 가득한, 이것, 충만함으로부터, 충만함이, 나온다
pūrṇasya pūrṇam ādāya pūrṇam evāvaśiṣyate
충만함의, 충만함을, 취하여, 충만함이, 남는다

저것도 충만하고 이것도 충만하다. 충만함으로부터 충만함이 나온다.
충만함에서 충만함을 취해도 실로 충만함이 남는다.

2. वसुधैव कुटुम्बकम् ।
vasudhaiva kuṭumbakam
대지, 가족
대지는 나의 가족이다.
Mahā Upaniṣad 6.71

1. अहं विश्वम्

aham viśvam

나는, 우주

나는 우주이다.

Taittirīya Upaniṣad 3.10

2. हेयं दुःखमनागतम् ।

heyaṃ duḥkham anāgatam

피해야 하는, 고통, 미래

미래의 고통을 피하라.

Yoga Sūtra 2.16

3. तत्सृष्ट्वा तदेवानुप्राविशत् ।

tat sṛṣṭvā tad evānuprāviśat

그것, 창조한 후, 그것, 들어갔다.

세계를 창조한 후 창조자는 바로 그 속으로 들어갔다.

Taittirīya Upaniṣad 2.6.1

4. भगवद्गीता किञ्चिदधीता ।

गङ्गाजललवकणिका पीता ॥

bhagavad-gītā kiñcid adhītā

gaṅgā-jala-lava-kaṇikā pītā

바가바드 기타, 조금이라도, 공부한

갠지스강-물-소량-방울, 마신

바가바드 기타를 조금이라도 공부한 것은,

갠지스강물을 조금 마신 것이다

(한 방울을 마셔도 강물 맛을 모두 알 수 있듯이

바가바드 기타를 조금이라도 공부한다면

그 정도로도 깨달음을 충분히 맛볼 수 있다는 뜻)

Śaṅkara, *Bhaja govindam* 20

सह नाववतु ।
सह नौ भुनक्तु ।
सह वीर्यं करवावहै ।
तेजस्वि नावधीतमस्तु ।
मा विद्विषावहै ॥

saha nāv avatu
saha nau bhunaktu
saha vīryaṃ karavāvahai
tejasvi nāv adhītam astu
mā vidviṣāvahai
Upaniṣads(흑야주르베다의 도입 게송)

우리 둘이 함께 있기를
우리 둘이 함께 먹기를
우리 둘이 함께 정진하기를
우리 둘이 함께 진리의 빛을 배우기를
결코 서로 미워하지 않기를

1. सत्यं ब्रूयात्प्रियं ब्रूयात् ।

satyaṃ brūyāt priyaṃ brūyāt

진리, 말하다, 사랑스러운, 말하다

사랑스런 진리를 말하길

Manu Smṛti 4.138

2. ब्रह्मवित् ब्रह्मैव भवति ।

brahmavit brahmaiva bhavati

브라흐만을 아는자, 브라흐만, 이다

브라흐만을 아는 자는 브라흐만 그 자체이다.

Muṇḍaka Upaniṣad 3.2.9

3. द्वितीयाद्वै भयं भवति ।

dvitīyād vai bhayaṃ bhavati

이원성으로부터, 실로, 두려움, 있다

실로 이원성으로부터 두려움이 발생한다.

Bṛhadāraṇyaka Upaniṣad 1.4.2

4. यो जागार तमृचः कामयन्ते ।

yo jāgāra tam ṛcaḥ kāmayante

어떤 자, 깨어 있는, 그를, 찬가, 원하다

깨어 있는 자, 그를 찬가는 원한다.

Ṛk Saṃhiā 5.44.14

1. निवर्तध्वम् ।

nivartadhvam

돌아오라.

Ṛk Saṃhitā 10.19.1

2. यतीनां ब्रह्मा भवति सारथिः ।

yatīnāṃ brahmā bhavati sārathiḥ

고행자에게는 브라흐만이 지도자이다

Ṛk Saṃhitā 1.158.6

3. आत्मैवेदं सर्वम् ।

ब्रह्मैवेदं सर्वम् ।

ātmaivedaṃ sarvam

brahmaivedaṃ sarvam

이 모든 것은 실로 아트만이다.

이 모든 것은 실로 브라흐만이다.

Nṛsiṃhottaratāpanīya Upaniṣad 7

1. एकमेवाद्वितीयम् ।

ekam evādvitīyam

유일자, 둘이 없는

유일자는 실로 유일한 존재이다.

Chāndogya Upaniṣad 6.2.1

2. अणोरणीयान्महतोमहीयान् ।

aṇoraṇīyan mahatomahīyān

작은 것보다 더 작은, 큰 것보다 더 큰

작은 것보다 더 작고 큰 것보다 더 크다

Kaṭha Upaniṣad 1.2.20

3. तत्सन्निधौ वैरत्यागः ।

tat-sannidhau vaira-tyāgaḥ

그것-상태, 다툼-사라짐

그 상태에서 다툼은 사라진다.

Yoga Sūtra 2.35

4. सत्यमेव जयते ।

satyam eva jayate

진리야 말로 승리한다.

Muṇḍaka Upaniṣad 3.1.6

1. असतो मा सद्गमय ।
तमसो मा ज्योतिर्गमय ।
मृत्योर्मा अमृतं गमय ॥

asato mā sad gamaya
tamaso mā jyotir gamaya
mṛtyor mā amṛtaṃ gamaya
Bṛhadāraṇyaka Upaniṣad 1.3.28

나를 비존재로부터 존재로 인도하소서.
나를 암흑으로부터 빛으로 인도하소서.
나를 죽음에서 불사로 인도하소서.

asato mā sad gamaya
비존재로부터, 나를, 존재, 가게하라
tamaso mā jyotir gamaya
암흑으로부터, 나를, 빛, 가게하라
mṛtyor mā amṛtaṃ gamaya
죽음으로부터, 나를, 불사, 가게하라

2. आयुर्वेदो अमृतानाम् ।

āyur-vedo amṛtānām
아유르베다는 불사를 위한 것이다.
Caraka Saṃhitā, Sūtrasthāna 25.40

1. तिलेषु तैलवद्वेदे वेदान्तः सुप्रतिष्ठितः ।

tileṣu tailavad vede vedāntaḥ supratiṣṭhitaḥ

참깨, 참기름처럼, 베다에, 베단타, 잘 확립되었다

참기름이 참깨 안에 있는 것처럼, 베단타는 베다 안에서 확고하다.

Muktikā Upaniṣad 1.9

2. अयमात्मा ब्रह्म ।

ayam ātmā brahma

브라흐만은 이 아트만이다.

Māṇḍūkya Upaniṣad 2

3. भूमिरापोऽनलो वायुः
खं मनो बुद्धिरेव च ।
अहंकार इतीयं मे
भिन्ना प्रकृतिरष्टधा ॥

bhūmir āpo 'nalo vāyuḥ	흙, 물, 불, 바람
khaṃ mano buddhir eva ca	허공, 의식, 지성, 그리고
ahākāra itīyaṃ me	자아의식. 이와 같이 나의
bhinnā prakṛtir aṣṭadhā	본성은 여덟 가지로 나뉜다.

Bhagavad-Gītā 7.4

4. अमरतस्य पुत्राः ।

amṛtasya putrāḥ

불사의 아들이여.

Śvetāśvatara Upaniṣad 2.5

1. तत्स्वयं योगसंसिद्धः कालेनात्मनि विन्दति ।

tat svayaṃ yoga-saṃsiddhaḥ kālenātmani vindati

그것, 스스로, 요가의 완성자, 시간이 지나, 알다

요가를 완성한 자는 시간이 지나면 스스로 자아 안에서 이것을 본다.

Bhagavad-Gītā 4.38

2. समत्वं योग उच्यते ।

samatvaṃ yoga ucyate

동일성, 요가, 말한다

동일성을 요가라고 한다.

Bhagavad-Gītā 2.48

3. अत्ता चराचरग्रहणात् ।

attā carācara-grahaṇāt

탐닉하는 자, 움직이는 것-움직이지 않는 것-취하기 때문에

브라흐만은 탐닉하는 자이니
움직이는 것과 움직이지 않는 것을 모두 취하기 때문이다.

Brahma Sūtra 1.2.9

4. वेदो अखिलो धर्ममूलम् ।

vedo akhilo dharma-mūlam

베다는 모든 의무의 뿌리이다.

Manu Smṛti 2.6

1. यो वै भूमा तत्सुखं नाल्पे सुखमस्ति ।

yo vai bhūmā tat sukhaṃ nālpe sukham asti

어떤, 많은, 그것, 즐거움, 적은, 즐거움, 이다

실로 많은 것이 즐거움이다. 적은 것에는 즐거움이 없다.

Chāndogya Upniṣad 7.23

2. आत्मा वारे द्रष्टव्यः श्रोतव्यो मन्तव्यो निदिध्यासितव्यः ।

ātmā vāre draṣṭavyaḥ śrotavyo mantavyo nididhyāsitavyaḥ

아트만만이 보여져야 하고, 들려져야 하며, 생각되어야 하고,
수행되어야 한다.

Bṛhadāraṇyaka Upaniṣad 2.4.5

3. प्रचारः स तु विज्ञेयः ।

pracāraḥ sa tu vijñeyaḥ

그것이 현현한다고 알라.

Gauḍapāda *Māṇḍūkya Kārikā* 3.34

4. दूरेदृशं गृहपतिमथर्युम् ।

dūre-dṛśaṃ gṛha-patim atharyum

멀리 보이는, 가장, 울려 퍼지는

멀리서 보이는 가장[의 목소리가] 울려퍼진다.

Ṛk Saṃhitā 7.1.1

1. शिवं शान्तमद्वैतं चतुर्थं मन्यन्ते स आत्मा स विज्ञेयः ।

śivaṃ śāntam advaitaṃ caturthaṃ manyante sa ātmā sa vijñeyaḥ

청량한, 평화로운, 둘이 없는, 네 번째, 생각하다, 아트만, 알아야 할 것

청량하고 평화로우며, 둘이 없은 것이 네 번째라고 생각된다.

그것이 아트만이고 알아야 할 것이다.

Nṛsiṃhottaratāpanīya Upaniṣad 1

2. स्मृतिर्लब्धा ।

smṛtir labdhā

기억, 얻음

기억을 얻다.

Bhagavad-Gītā 18.73

3. अथातो ब्रह्मजिज्ञासा ।

athāto brahma-jijñāsā

지금부터, 브라흐만-알고자 함

지금부터 브라흐만에 대해 알고자 한다.

Brahma Sūtra 1.1.1

4. पश्य मे योगमैश्वरम् ।

paśya me yogam aiśvaram

보라, 나의, 요가, 전능한

나의 전능한 요가를 보라.

Bhagavad-Gītā 9.5

1. वेदोऽहम् ।

vedo 'ham

나는 베다이다.

Devī Upaniṣad 1

2. अथ योगानुशासनम् ।

atha yogānuśāsanam

지금부터, 요가의 가르침

지금부터 요가의 가르침을 시작한다.

Yoga Sūtra 1.1

3. योगश्चित्तवृत्तिनिरोधः ।

yogaś citta-vṛtti-nirodhaḥ

요가, 마음-작용-지멸

요가는 마음 작용의 지멸이다.

Yoga Sūtra 1.2

4. तदा द्रष्टुः स्वरूपेऽवस्थानम् ।

tadā draṣṭuḥ svarūpe 'vasthānam

그 때, 보는 자의, 본 모습에, 머뭄

그 때 보는 자는 본 모습에 머문다.

Yoga Sūtra 1.3

5. वृत्तिसारूप्यमितरत्र ।

vṛtti-sārūpyam itar atra

여기서부터 보는 자와 닮은 모습이 발생한다.

Yoga Sūtra 1.4

1. योगिनः कर्म कुर्वन्ति सङ्गं त्यक्त्वात्मशुद्धये ।

yoginaḥ karma kurvanti saṅgaṃ tyaktvātma-śuddhaye

요기들, 행위, 행하다, 집착, 버린 후, 자아-정화

요기들은 집착을 버리고 자신의 정화를 위해 행위한다.

Bhagavad-Gītā 5.11

2. ज्ञानविज्ञानतृप्तात्मा ।

jñāna-vijñāna-tṛptātmā

지혜-식별력-충만한-자아

지혜와 식별력으로 충만한 자아

Bhagavad-Gītā 6.8

3. आनन्दाद्ध्येव खल्विमानि भूतानि जायन्ते ।

आनन्देन जातानि जीवन्ति ।

आनन्दं प्रयन्त्यभिसंविशन्ति ॥

ānandād dhy eva khalv imāni bhūtāni jāyante

ānandena jātāni jīvanti

ānandaṃ prayanty abhisaṃviśanti

실로 환희로부터 이 모든 존재가 생하고

환희로써 삶을 유지하며

환희로 나아가고 다시 드러난다.

Taittirīya Upaniṣad 3.6.1

1. भद्रं कर्णेभिः शृणुयाम देवा
भद्रं पश्येमाक्षभिर्यजत्राः ।

bhadraṃ karṇebhiḥ śṛṇuyāma devā
bhadraṃ paśyemākṣabhir yajatrāḥ
귀로는 모든 선을 듣기를
눈으로는 모든 선을 보기를
Introduction to Upaniṣads of *Atharva Veda*

2. तरति शोकमात्मवित् ।

tarati śokam ātmavit
건너다, 슬픔, 자아를 아는 자
자아를 아는 자는 슬픔을 건넌다.
Chāndogya Upaniṣad 7.13

3. ब्रह्मसंस्पर्शमत्यन्तं सुखम् ।

brahma-saṃsparśam atyantaṃ sukham
브라흐만-접촉, 궁극적인, 즐거움
브라흐만과 접촉하는 것은 궁극적인 즐거움이다.
Bhagavad-Gītā 6.28

4. समितिः समानी ।

samitiḥ samānī
모임, 평등함
모임은 평등하다.
Ṛk Saṃhitā 10.191.3

1. गहना कर्मणो गतिः ।

gahanā karmaṇo gatiḥ

심오한, 행위의, 길

행위의 길은 심오하다.

Bhagavad-Gītā 4.17

2. स्वल्पमप्यस्य धर्मस्य त्रायते महतो भयात् ।

svalpam apy asya dharmasya trāyate mahato bhayāt

매우 적은, 조차, 이 공덕의, 건너다, 큰 두려움으로부터

이 공덕이 매우 적다하더라도 큰 두려움을 건널 것이다.

Bhagavad-Gītā 2.40

3. आनन्दमयोऽभ्यासात् ।

ānandamayo 'bhyāsāt

환희로 만들어진, 수행으로부터

브라흐만은 수행을 통해 환희로 이루어진 것이다.

Brahma Sūtra 1.1.12

4. निमित्तमात्रं भव सव्यसाचिन् ।

nimitta-mātraṃ bhava savyasācin

수단-오직, 되어라, 왼손잡이여

오직 수단이 되어라, 왼손잡이여

Bhagavad-Gītā 11.33

5. प्रत्यवायो न विद्यते ।

pratyavāyo na vidyate

퇴보, 보이지 않다

퇴보는 없다.

Bhagavad-Gītā 2.40

1. सर्वभूतस्थमात्मानं सर्वभूतानि चात्मनीक्षते ।

sarvabhūtastham ātmānaṃ sarvabhūtāni cātmanīkṣate

모든 존재에 기반한, 자아, 모든 존재들, 자아에, 그는 본다.

그는 모든 존재에 기반한 자아와 자아에 있는 모든 존재를 본다.

Bhagavad-Gītā 6.29

2. ज्ञानाग्निदग्धकर्माणं तमाहुः पण्डितं बुधाः ।

jñānāgni-dagdha-karmāṇaṃ tam āhuḥ paṇḍitaṃ budhāḥ

지혜의 불-탄-행위, 그를, 말하다, 현자, 지혜로운 자

지혜의 불로 제련된 행위를 하는 자, 그를 지혜로운 자들은 현자라 부른다.

Bhagavad-Gītā 4.19

3. वश्यात्मना तु यतता शक्योऽवाप्तुमुपायतः ।

vaśyātmanā tu yatatā śakyo 'vāptum upāyataḥ

제어된-자신, 노력하는, 얻을 수 있는, 올바른 방법을 통해

자신을 제어하고 노력하는 자는 올바른 방법을 통해 얻을 수 있다.

Bhagavad-Gītā 6.36

4. स तु दीर्घकालनैरंतर्यसत्कारासेवितो दृढभूमिः ।

sa tu dīrgha-kāla-nairaṃtarya-satkārāsevito dṛdha-bhūmiḥ

그것은 오랜 시간 동안 중단없이 존중함을 통해 굳건한 단계에 도달한다.

Yoga Sūtra 1.14

त्रैगुण्यविषया वेदा निस्त्रैगुण्यो भवार्जुन ।
निर्द्वन्द्वो नित्यसत्त्वस्थो निर्योगक्षेम आत्मवान् ॥४५॥

traiguṇya-viṣayā vedā nistraiguṇyo bhavārjuna
nirdvandvo nitya-sattvastho niryoga-kṣema ātmavān 45

योगस्थः कुरु कर्माणि सङ्गं त्यक्त्वा धनञ्जय ।
सिद्ध्यसिद्ध्योः समो भूत्वा समत्वं योग उच्यते ॥४८॥

yogasthaḥ kuru karmāṇi saṅgaṃ tyaktvā dhanañjaya
siddhy-asiddhyoḥ samo bhūtvā samatvaṃ yoga ucyate 48

दूरेण ह्यवरं कर्म बुद्धियोगाद्धनञ्जय ।
बुद्धौ शरणमन्विच्छ कृपणाः फलहेतवः ॥४९॥

dūreṇa hy avaraṃ karma buddhi-yogād dhanañjaya
buddhau śaraṇam anviccha kṛpaṇāḥ phala-hetavaḥ 49

बुद्धियुक्तो जहातीह उभे सुकृतदुष्कृते ।
तस्माद्योगाय युज्यस्व योगः कर्मसु कौशलम् ॥५०॥

buddhi-yukto jahātīha ubhe sukṛta-duṣkṛte
tasmād yogāya yujyasva yogaḥ karmasu kauśalam 50

कर्मजं बुद्धियुक्ता हि फलं त्यक्त्वा मनीषिणः ।
जन्मबन्धविनिर्मुक्ताः पदं गच्छन्त्यनामयम् ॥५१॥

karmajaṃ buddhi-yuktā hi phalaṃ tyaktvā manīṣiṇaḥ
janma-bandha-vinirmuktāḥ padaṃ gacchanty anāmayam 51

यदा ते मोहकलिलं बुद्धिर्व्यतितरिष्यति ।
तदा गन्तासि निर्वेदं श्रोतव्यस्य श्रुतस्य च ॥५२॥
yadā te moha-kalilaṃ buddhir vyatitariṣyati
tadā gantāsi nirvedaṃ śrotavyasya śrutasya ca 52

श्रुतिविप्रतिपन्ना ते यदा स्थास्यति निश्चला ।
समाधावचला बुद्धिस्तदा योगमवाप्स्यसि ॥५३॥
śruti-vipratipannā te yadā sthāsyati niścalā
samādhāv acalā buddhis tadā yogam avāpsyasi 53

अर्जुन उवाच ।
स्थितप्रज्ञस्य का भाषा समाधिस्थस्य केशव ।
स्थितधीः किं प्रभाषेत किमासीत व्रजेत किम् ॥५४॥
arjuna uvāca
sthita-prajñasya kā bhāṣā samādhi-sthasya keśava
sthita-dhīḥ kiṃ prabhāṣeta kim āsīta vrajeta kim 54

श्रीभगवानुवाच ।
प्रजहाति यदा कामान्सर्वान्पार्थ मनोगतान् ।
आत्मन्येवात्मना तुष्टः स्थितप्रज्ञस्तदोच्यते ॥५५॥
śrī-bhagavān uvāca
prajahāti yadā kāmān sarvān pārtha mano-gatān
ātmany evātmanā tuṣṭaḥ sthita-prajñas tadocyate 55

दुःखेष्वनुद्विग्नमनाः सुखेषु विगतस्पृहः ।
वीतरागभयक्रोधः स्थितधीर्मुनिरुच्यते ॥५६॥
duḥkheṣv anudvigna-manāḥ sukheṣu vigata-spṛhaḥ
vīta-rāga-bhaya-krodhaḥ sthita-dhīr munir ucyate 56

यः सर्वत्रानभिस्नेहस्तत्तत्प्राप्य शुभाशुभम् ।
नाभिनन्दति न द्वेष्टि तस्य प्रज्ञा प्रतिष्ठिता ।।५७।।

yaḥ sarvatrānabhisnehas tat tat prāpya śubhāśubham
nābhinandati na dveṣṭi tasya prajñā pratiṣṭhitā 57

यदा संहरते चायं कूर्मोऽङ्गानीव सर्वशः ।
इन्द्रियाणीन्द्रियार्थेभ्यस्तस्य प्रज्ञा प्रतिष्ठिता ।।५८।।

yadā saṃharate cāyaṃ kūrmo 'ṅgānīva sarvaśaḥ
indriyāṇīndriyārthebhyas tasya prajñā pratiṣṭhitā 58

विषया विनिवर्तन्ते निराहारस्य देहिनः ।
रसवर्जं रसोऽप्यस्य परं दृष्ट्वा निवर्तते ।।५९।।

viṣayā vinivartante nirāhārasya dehinaḥ
rasa-varjaṃ raso 'py asya paraṃ dṛṣṭvā nivartate 59

यततो ह्यपि कौन्तेय पुरुषस्य विपश्चितः ।
इन्द्रियाणि प्रमाथीनि हरन्ति प्रसभं मनः ।।६०।।

yatato hy api kaunteya puruṣasya vipaścitaḥ
indriyāṇi pramāthīni haranti prasabhaṃ manaḥ 60

तानि सर्वाणि संयम्य युक्त आसीत मत्परः ।
वशे हि यस्येन्द्रियाणि तस्य प्रज्ञा प्रतिष्ठिता ।।६१।।

tāni sarvāṇi saṃyamya yukta āsīta mat-paraḥ
vaśe hi yasyendriyāṇi tasya prajñā pratiṣṭhitā 61

ध्यायतोविषयान्पुंसः सङ्गस्तेषूपजायते ।
सङ्गात्संजायते कामः कामात्क्रोधोऽभिजायते ।।६२।।

dhyāyato viṣayān puṃsaḥ saṅgas teṣūpajāyate
saṅgāt saṃjāyate kāmaḥ kāmāt krodho 'bhijāyate 62

क्रोधाद्भवति संमोहः संमोहात्स्मृतिविभ्रमः ।
स्मृतिभ्रंशाद्बुद्धिनाशो बुद्धिनाशात्प्रणश्यति ॥६३॥

krodhād bhavati saṃmohaḥ saṃmohāt smṛti-vibhramaḥ
smṛti-bhraṃśād buddhi-nāśo buddhi-nāśāt praṇaśyati 63

रागद्वेषवियुक्तैस्तु विषयानिन्द्रियैश्चरन् ।
आत्मवश्यैर्विधेयात्मा प्रसादमधिगच्छति ॥६४॥

rāga-dveṣa-viyuktais tu viṣayān indriyaiś caran
ātma-vaśyair vidheyātmā prasādam adhigacchati 64

प्रसादे सर्वदुःखानां हानिरस्योपजायते ।
प्रसन्नचेतसो ह्याशु बुद्धिः पर्यवतिष्ठते ॥६५॥

prasāde sarva-duḥkhānāṃ hānir asyopajāyate
prasanna-cetaso hy āśu buddhiḥ paryavatiṣṭhate 65

नास्ति बुद्धिरयुक्तस्य न चायुक्तस्य भावना ।
न चाभावयतः शान्तिरशान्तस्य कुतः सुखम् ॥६६॥

nāsti buddhir ayuktasya na cāyuktasya bhāvanā
na cābhāvayataḥ śāntir aśāntasya kutaḥ sukham 66

इन्द्रियाणां हि चरतां यन्मनोऽनुविधीयते ।
तदस्य हरति प्रज्ञां वायुर्नावमिवाम्भसि ॥६७॥

indriyāṇāṃ hi caratāṃ yan mano 'nuvidhīyate
tad asya harati prajñāṃ vāyur nāvam ivāmbhasi 67

तस्माद्यस्य महाबाहो निगृहीतानि सर्वशः ।
इन्द्रियाणीन्द्रियार्थेभ्यस्तस्य प्रज्ञा प्रतिष्ठिता ॥६८॥

tasmād yasya mahābāho nigṛhītāni sarvaśaḥ
indriyāṇīndriyārthebhyas tasya prajñā pratiṣṭhitā 68

या निशा सर्वभूतानां तस्यां जागर्ति संयमी ।
यस्यां जाग्रति भूतानि सा निशा पश्यतो मुनेः ॥६९॥

yā niśā sarva-bhūtānāṃ tasyāṃ jāgarti saṃyamī
yasyāṃ jāgrati bhūtāni sā niśā paśyato muneḥ 69

आपूर्यमाणमचलप्रतिष्ठं समुद्रमापः प्रविशन्ति यद्वत् ।
तद्वत्कामा यं प्रविशन्ति सर्वे स शान्तिमाप्नोति न कामकामी ॥
७०॥

āpūryamāṇam acala-pratiṣṭhaṃ samudram āpaḥ praviśanti yadvat
tadvat kāmā yaṃ praviśanti sarve sa śāntim āpnoti na kāma-kāmī 70

विहाय कामान्यः सर्वान्पुमांश्चरति निःस्पृहः ।
निर्ममो निरहङ्कारः स शान्तिमधिगच्छति ॥७१॥

vihāya kāmān yaḥ sarvān pumāṃś carati niḥspṛhaḥ
nirmamo nirahaṅkāraḥ sa śāntim adhigacchati 71

एषा ब्राह्मी स्थितिः पार्थ नैनां प्राप्य विमुह्यति ।
स्थित्वास्यामन्तकालेऽपि ब्रह्मनिर्वाणमृच्छति ॥७२॥

eṣā brāhmī sthitiḥ pārtha naināṃ prāpya vimuhyati
sthitvāsyām anta-kāle ’pi brahma-nirvāṇam ṛcchati 72

문법용어 색인(로마자)

akṣara :	"파괴되지 않는, 더이상 분석되지 않는", 음절	3
aghoṣa :	무성음	11
aṅga :	어간	5
anadyantana :	"오늘 이전", 과거 시제	189
anudātta :	낮은 톤	26
anunāsika :	비음	11
anusvāra :	"모음을 따르는 것", ṃ, 비음	21
antaḥstha :	"사이에 위치한 것", 반모음	20
ardha-spṛṣṭa :	"반쯤 접촉한" (치찰음을 가리킨다)	20
alpa-prāṇa :	"숨이 적은", 무기음	11
avagraha :	"떨어진, 분리, 정지", (') a음의 탈락을 가리킨다	92, 185
avyaya :	"움직이지 않는", 불변화사	6
avyayībhāva :	불변화사와 명사류로 이루어진 복합어	235
ākhyāta :	"완전히 발설된", 동사	viii
āgama :	전철	189
ātmanepada :	"자신을 위한 말", 아트마네파다	12, 114
itaretara-dvandva :	구성요소가 각각 지시되는 상호병렬복합어	211, 234
īṣat-spṛṣṭa :	"살짝 접촉한"(반모음을 가리킨다)	20
udātta :	높은 톤	26
upagraha :	"소유한, 의미", 태	25
upadhmānīya :	"호흡 중", p, ph앞의 ḥ	27, 47
upapada-samāsa :	복합어의 후분이 동사어근인 복합어	234
upasarga :	"가까이 붙은", 동사 접두사	viii, 189
upasarjana :	복합어의 부성분	232
ubhayapada :	"양자를 위한 말", 파라스마이파다와 아트마네파다 두 인칭 어미를 모두 취할 수 있는	25, 114
ūṣman :	"따뜻한, 달아오른", 치찰음	20
oṣṭha :	입술	10
oṣṭhya :	순음	10, 22, 48

kaṇṭha :	목구멍	10
kaṇṭhya :	후음	10, 22
kartari prayoga :	동작자 구문(능동구문), 주어가 행위의 주체인 구문	36
kartṛ :	행위 주체	36
karmadhāraya :	복합어의 구성요소가 같은 대상을 가리키고 분리되었을 경우 같은 격으로 나타나는 tatpuruṣa	232, 234
karman :	행위의 대상	36
ktvā :	"tvā어미" 동명사를 형성한다	164
ktvānta :	동명사	164
gaṇa :	"목록, 그룹", 동사 어근의 분류법	5
gati :	gati접두사로 시작하는 복합어	235
guṇa :	"속성", 한 번 강화된 모음	170
ghoṣavat :	유성음	11
caturtha :	"네 번째", 각 단의 네 번째 문자	11
jihvāmūlīya :	"혀뿌리에서 형성된", k 혹은 kh앞에서 발음된 ḥ	21
tatpuruṣa :	"그의 사람", 복합어의 후분이 주요소인 복합어(일반적으로는 다른 격으로 분리되는 복합어를 가리킨다.	232, 234
tālavya :	구개음	10, 22, 48
tālu :	구개	10
tiṅ :	동사 인칭 어미	5
tiṅanta :	"tiṅ어미", 인칭 어미를 가진 정동사	5
tṛtīya :	"세 번째", 각 단의 세 번째 문자	11
daṇḍa :	"막대기", 문장의 끝에 사용되는 수직선	75
danta :	이	10
dantya :	치음	10, 22, 48
dīrgha :	"긴", 장모음	2

devanāgarī :	"신들의 도시", 산스크리트 문자	3
dvandva :	"한쌍", 병렬 복합어 ; 두 요소 모두 주요 성분이다. 분리되면 "그리고"로 연결된다.	232, 234
dvigu :	"소 두 마리의 가치가 있는", 수사로 시작하는 동격한정 복합어	234
dvitīya :	"두 번째", 각 단의 두 번째 문자	11
dhātu :	"구성요소", 동사어근	viii, 5, 35
nañ-samāsa :	부정복합어	213, 235
nāman :	"이름", 명사류	8
nipāta :	불변화사, 소사	8
pañcama :	"다섯 번째", 각 단의 다섯 번째 문자	11
pada-pāṭha :	"단어별 읽기", (연성을 적용하지 않은 채) 베다의 단어를 단어별로 각각 낭송하는 방법	7
parasmaipada :	"다른 사람을 위한 말", 파라스마이파다	25, 120
puruṣa :	인칭	5, 24
prathama :	"처음", 3인칭	5, 24
madhyama :	"중간", 2인칭	5, 24
uttama :	"마지막", 1인칭	5, 24
pragṛhya :	"(연성으로부터) 억제된", 연성을 적용하지 않는 모음	93
prathama :	"첫째", 각 단의 첫째 문자	11
pradhāna :	복합어의 주요 요소	232
prātipadika :	"앞 단어(처음에 오는 것)" 혹은 "모든 단어(모든 접미사 앞에서 동일한)", 명사 어간	35
prādi :	"pra 등", 접두사로 시작하는 복합어	235
pluta :	"떠 있는", 세 박자를 취하는 모음	2
bahuvrīhi :	"많은 쌀을 가진", 주 요소가 복합어 바깥에 있는 복합어(많은 쌀을 가진 사람)	235
bhūta-karaṇa :	"과거 시제를 만드는 것", 과거 시제를 형성할 때 사용되는 전철 a	189

mahā-prāṇa :	"많은 숨", 대기음	11
mātrā :	"운율", 음의 길이	2
mūrdhan :	천정	10
mūrdhanya :	권설음	10
repha :	"으르렁거림", ra음	11
lakāra :	열 가지 시제와 법	25
laṭ :	현재 직설법	24, 25, 132
liṭ :	완료	25
luṭ :	중복 미래	25
lṛṭ :	단순 미래	25, 221
leṭ :	종속법	25
loṭ :	명령법	25
laṅ :	과거	25, 189
liṅ :	원망법	25
luṅ :	아오리스트	25
lṛṅ :	조건법	25
liṅga :	"특징, 특질", 성	78
puṃ-liṅga :	남성	78
strī-liṅga :	여성	78
napuṃsaka-liṅga :	중성	78
luk :	소실(격어미의 소실)	210
lyap :	"ya어미", 접두사가 있을 경우의 동명사 어미	165
vacana :	수	26
eka :	단수	5, 26, 78
dvi :	양수	14, 26, 78
bahu :	복수	24, 26, 78
varga :	단	10
varṇa :	"색", 소리, 음절, 문자	2
vigraha :	"분리된", 복합어의 분리	211
vibhakti :	"분리", 격	35, 77

prathamā : "첫째", 주격 35, 78
dvitīyā : "둘째", 목적격 35, 78
tṛtīyā : "셋째", 구격 49, 78
caturthī : "넷째", 여격 49, 78
pañcamī : "다섯째", 탈격 62, 78
ṣaṣṭhī : "여섯째", 속격 62, 78
saptamī : "일곱째", 처격 77, 78
saṃbodhana : "일깨움", 호격(독립적인 격이 아니라 주격의 변형이다) 77, 78
virāma : "멈춤", a음을 제거하는 사선 60
viśeṣaṇa : "한정하는", 형용사 131
visarga : "가게 하는", ḥ(s나 r대신 사용된다) 21
visarga-sandhi : 어말ḥ(s 혹은 r) 연성 90
visarjanīya : ḥ(s나 r대신 사용된다) 21
vṛddhi : "증가, 확장", 더 강화된 모음 171
vyañjana : "드러나는", 자음 2, 22
vyadhikaraṇa-tatpuruṣa : 복합어의 구성요소가 다른 대상을 지시하고, 분리될 경우 다른 격으로 나타나는 복합어 234
vyākaraṇa : "분리된", 문법 viii
śuddha : "깨끗한", 단순 모음 2, 22
saṃyukta : "연결된", 복합 모음 2, 22
saṃskṛta : "만들어진, 완전한", 산스크리트 viii
saṃhitā : "묶음" 90
saṃhitā-pāṭha : "묶어 읽기", (연성을 적용한) 베다 낭송 vii
saṃkhyā : 숫자 160
sandhi : "결합, 접합, 연결" , 연성법 15
samānādhikaraṇa : 같은 대상과 같은 격으로 형성된 232
samānādhikaraṇa-tatpuruṣa : 동격한정복합어 234
samāsa : "함께 놓인", 복합어 210

samāhāra-dvandva :	구성요소 전체를 한 묶음으로 보는 복합어, 마지막 요소는 중성 단수 어미를 갖는다.	212
samprasāraṇa :	"확장, 퍼짐", 반모음에서 그에 대응하는 모음으로 확장하는 것	93
sarva-nāman :	"모든 이름", 대명사	130
sup :	명사 격어미	35, 146, 210
subanta :	"sup 어미", 격어미를 갖는 명사류	131
sthāna :	조음 위치	2, 10, 22
sparśa :	"접촉", 폐쇄음	10
spṛṣṭa :	"완전한 접촉을 만드는", (폐쇄음을 가리킨다)	20
svara :	모음, 톤	2, 22
svara-sandhi :	모음 연성	90
svarita :	유동톤	26
hal-sandhi :	자음 연성	90
hrasva :	"짧은, 작은", 단모음	2

문법용어 색인(한글)

격	35
주격	35
목적격	36
구격	49, 50
여격	49, 50
탈격	62
속격	62
처격	77
호격(주격의 변형)	77
격어미의 소실	210
격한정복합어	227, 232, 234
과거 아트마네파다	195, 199, 299
과거 파라스마이파다	183, 189, 299
과거를 표시하는 전철	189, 190
관계사-상관사 구문	173-177
구개음	10, 16, 22, 48, 93, 188
구별부호	3
권설음	10, 22,48, 93, 144, 188
기수사	159, 160, 161, 301
기음(ha)	20, 22, 46, 61
낮은 톤	26
내연성	90, 144-145, 309
단모음	2
단순모음	2, 22
대기음	10, 11, 20
대명사	viii, 127, 130,
대명사 격변화	130
나, 우리; mad, asmad	130
너, 너희; tvad, yuṣmad	131
그; tad(남성)	148

그것; tad(중성)	149
그녀; tad(여성)	150
데바나가리 문자	vii, 3, 4, 13, 23, 34, 46-48, 74-76, 188
데바나가리 쓰는 법	74-76
모음	4, 13
자음	23, 34, 46-47
모음부호	60-61
결합자음	74-76
동격의 명사	36
동격한정복합어	232
동명사	164-165
동사	5
동사 변화표	295-299
동사어근	5
로마자로 전사한 알파벳	48
명사 곡용	35
남성 a	79
중성 a	94
여성 ā	147
남성 i, 여성 i	163
여성 ī	173, 285
남성 an	208
중성 an	209
남성 ṛ, 여성 ṛ	220
남성 u, 여성 u	231
명사 어간	35
명사 분류	78
명사류, 격어미를 취하는 단어	35, 131
모음	2

모음의 장단	2
무기음	11
무성음	11
반모음	20
반접촉(치찰음)	20
병렬복합어	210
복합 모음	22
복합어	232
복합어, 정리	234-236
복합어의 분석	211
부정복합어	213
불변화사	6
비음	11
산스크리트	v, 2
살짝 접촉함(반모음)	20
성(명사류)	78
남성	78
여성	78
중성	78
소유(have) 동사	114
소유복합어	235
수(동사와 명사류)	78
단수	78
양수	78
복수	78
순음	10, 22, 48
숫자	160
악센트	26
어간	5, 35
어순	36

연성법	vii, 15
모음 연성법	170-172
어말 ḥ(s 혹은 r)연성법	110, 174
자음 연성법	90
어말 m	196
어말 n	206
어말 t	218
나머지 자음 연성법	128, 228
내연성	144
운율	2
음절	3
이중 목적격	50
인칭(동사)	5, 24
3인칭	5. 24
2인칭	5, 24
1인칭	5, 24
장모음	2
접두사	189, 197
정리표 2과	18
3과	31
4과	43
5과	56
6과	71
7과	87
8과	104
9과	120
10과	138
조음위치	2, 10, 22
지시대명사	150, 151
직접 인용문	63

집합적 병렬복합어 212
치음 10, 22
치찰음 20, 21, 22, 46
태 25
톤 26
파라스마이파다 어미, 파라스마이파다 25
폐쇄음 10, 20
표준 격어미 146
행위자 구문(능동구문) 36
형용사 131
후음 10, 22
√as(과거) 210, 297
√as(직설법) 132, 297
anusvāra 21
avagraha(') 92
ca(ca의 위치) 6
guṇa 170
iti 63
iva 151
lakāra 25
Nirukta viii
Pāṇini 8, 146, 197
upadhmānīya 21, 47
virāma 60
visarga(ḥ) 21
vṛddhi 91
Vyākaraṇa viii
yad 174-178
Yāska viii

저자 소개

토마스 이진스(Thomas Egenes)

산스크리트 입문은 인도의 풍부하고 영적인 문헌의 문을 열기 위해 기획되었다. 이 자습서는 산스크리트의 발음, 문법 그리고 어휘를 간단하고 체계적인 단계를 통해 제공하여, 학생들에게 이 매력적인 언어의 기초를 쉽게 몸에 익히게 한다. 이 교재는 명확하고 간결한 설명으로 초보자를 부드럽게 인도한다. 각 과에는 문자, 문법 그리고 어휘를 포함한 학습 내용이 말미의 쉬운 연습문제와 함께 실려 있다. 또한 바가바드기타와 라그베다 상히타, 우파니샤드, 요가수트라, 브라흐마수트라 그리고 마누스므리티로부터 인용한 문장을 싣고 있다.

토마스 이진스는 노트르담 대학에서 학사 학위를 받고, 버지니아 대학에서 세샤기리 라오(Seshagiri Rao) 박사의 지도로 석사와 박사 학위를 취득했다. 이진즈 박사는 몇 가지의 산스크리트 교재를 출판하였다. 그중에는 단어집, 플래시카드, 오디오 테이프, 비디오 테이프 그리고 이 교재가 포함되어 있다. 산스크리트 입문은 네덜란드어와 독일어로 번역되었다. 이진스 박사는 인도, 유럽, 캐나다 그리고 미국에서 산스크리트에 관한 발표를 하였다. 그는 미국의 아이오와 주 페어리필드에 위치한 마하리쉬 국제대학에서 조교수로 재직하면서 산스크리트를 가르치고 있다. 그곳에서는 그는 지난 10년 동안 2천여 명이 넘은 학생에게 산스크리트를 가르쳤다.

역자 소개

김성철

동국대 인도철학과를 졸업하고 같은 대학 대학원에서 석사와 박사 학위를 취득하였다. 현재 금강대학교 불교문화연구소 교수로 재직 중이다. 주요 논문으로 『초기 유가행파의 '여래장' 개념 해석』 I, II, 『종성의 본질에 대한 유가행파와 여래장사상의 해석』, 『종성 무위론의 기원에 관한 한 고찰』 등이 있고, 저·역서로 『여래장과 불성』(씨아이알), 『유식과 유가행』(씨아이알), 『섭대승론 증상혜학분 연구』(씨아이알), 『초기불교의 이념과 명상』(씨아이알), 『무성석 섭대승론 역주』(씨아이알), 『천친조 진제역 불성론』(씨아이알), The Foundation for Yoga Practitioners(Harvard Univ.) 등이 있다.

산스크리트 입문 I

초판발행 2015년 08월 28일
초판 2쇄 2017년 12월 22일
초판 3쇄 2019년 10월 18일

저　　자 토마스 이진스(Thomas Egenes)
역　　자 김성철
펴 낸 이 김성배
펴 낸 곳 도서출판 씨아이알

책임편집 박영지
디 자 인 백정수
제작책임 김문갑

등록번호 제2-3285호
등 록 일 2001년 3월 19일
주　　소 (04626) 서울특별시 중구 필동로8길 43(예장동 1-151)
전화번호 02-2275-8603(대표)
팩스번호 02-2265-9394
홈페이지 www.circom.co.kr

I S B N 979-11-5610-156-7 (94220)
979-11-5610-155-0 (세트)
정　　가 24,000원